Photoshop
Secret Notes

포토샵!
디자인을
움직인다

How to develop
your design
skills with using
Photoshop

기초부터
심화까지
포토샵 디자인
실무 테크닉

김성재 지음

김성재 신라대학교 광고홍보영상미디어학부 교수

학부와 석사를 컴퓨터그래픽을 전공하고 동아대학교 경영학(마케팅전공)박사 학위를 취득하였다. 광고회사 미디어메써드 광고디자인팀에서 근무했으며, nanum0212디자인 대표, 경북전문대학교 영상미디어학과 교수를 거쳐 현재는 신라대학교 광고홍보영상미디어학부 교수로 재직중이다. 현재 (사)부산디자인협회 이사장, (사)한국상품문화디자인학회 부산지부장, 한국커뮤니케이션디자인학회, 한국콘텐츠디자인학회 등 국내 디자인 주요 학회의 임원 및 정회원으로 활동하고 있다. 대표 프로젝트는 2002년 한.일월드컵 나이키캠페인(나이키파크)광고 디자인, 국립대구박물관, 전주국립박물관, 부산문화재단, 포항문화재단 등 브랜드 디자인과 부산시 정책슬로건(캘리그라피), 부산국제광고제 공식 포스터를 디자인했다. 뉴욕페스티벌 금상, 깐느광고제 은사자상, 트르나바포스터트리엔날레 3등상, 뉴욕 아트디렉터즈클럽(ADC) 우수상, 대만국제포스터디자인어워드 심사위원장상, 테헤란 이슬라믹국제포스터비엔날레 3등상, 부산국제광고제 크리스탈상, 모스코바골든비 포스터베엔날레, 폴란드바르샤바 포스터비엔날레, 홍콩 포스터트리엔날레 등 많은 국제디자인상을 수상했으며, 홍콩 헤리티지 박물관(The Hong Kong Heritage Museum)에 작품이 소장되어 있다.

Photoshop Secret Notes
포토샵! 디자인을 움직인다

//

2024년 11월 30일 초판 발행

지은이 김성재
편집 / 한글판짜기 김성재
펴낸곳
북앤스페이스 46763 부산광역시 강서구 명지오션시티10로 16
등록번호 : 872-99-01602
Telephone : 051-271-8004
E-mail : bookandspace@kakao.com
Homepage : bookandspace.com

이 책의 저작권은 저자와 북앤스페이스에 있습니다. 저작권법에 의하여 한국 내에서 보호를 받는 저작물이므로 무단 복제와 전재를 금합니다. 정가는 뒤표지에 있습니다.
잘못된 책은 구입하신 곳에서 교환해 드립니다.

ISBN 979-11-990094-1-7

이 책의 특징

//

이 책의 가장 기본적인 특징은 포토샵 프로그램 사용자가 개념과
실무에서 자주 언급되는 기능과 조화를 이루도록 배려했습니다.
별도의 노하우를 언급함으로써 개념과 실용성을 조화시키기 위해
노력했습니다.

사용빈도가 높은 프로그램 기능 위주로 설명하였습니다.
포토샵 프로그램에서 자주 사용되는 20%의 기능은 전체기능의
80%의 중요성을 지니고 있으며 사용빈도 또한 매우 높은편입니다.

예제 분량을 난이도를 적절히 조절하여 기초부터 심화까지 실무에
필요한 기능을 적절히 배분하여 구성하였습니다.

무료로 사용할 수 있는 소스에 대한 정보를 담았습니다.
저작권이 있는 이미지의 사용보다 무료이미지를 사용하는 방법과
다양한 소스에 대한 정보를 담았습니다.

Contents

04.
PART 01
시작 하기전 준비작업.

그래픽 작업 프로세스
개인 작업 공간 설정하기
자신이 원하는 이미지 추출 (마스킹)
이미지 해상도
컬러모드(RGB와 CMYK모드)
톤 조절 기능
포토샵 단축키 활용

08.
PART 02
기본기를 위한 필수 기능.

① 펜툴을 이용한 선택영역 만들기
② 빠른 마스크를 이용한 선택영역 만들기
③ 브러시 툴을 이용한 마스킹
④ 레이어 마스크
⑤ 이미지 조정 기능 - 곡선
⑥ 브러시
⑦ 블렌딩 모드
⑧ 클리핑 마스크
⑨ 문자 편집
⑩ 문자의 기본 공식
⑪ 파워포인트 작업 사이즈
⑫ 무료 사이트

20.
PART 03
실습예제 01.

인쇄광고(공익광고)

38.
PART 03
실습예제 02.

타이포그래피 포스터

54.

PART 03
실습예제 03.

벽면 랩핑
BREAK TIME.
레이어 스타일의 혼합
조건(Blend If)

60.

PART 03
실습예제 04.

스케치효과
BREAK TIME. 다양한 브러시 활용 방법

74.

PART 03
실습예제 05.

머리카락 추출(누끼 따기)

84.

PART 03
실습예제 06.

HDR 이미지 만들기

92.
PART 03
실습예제 07.

하프톤 효과

98.
PART 03
실습예제 08.

풍경속 인물 지우기
BREAK TIME. 포토샵 목업 작업

102.
PART 03
실습예제 09.

피부(여드름)톤 보정

108.
PART 03
실습예제 10.

손글씨 합성
BREAK TIME.
인터넷 화면 색 추출 방법

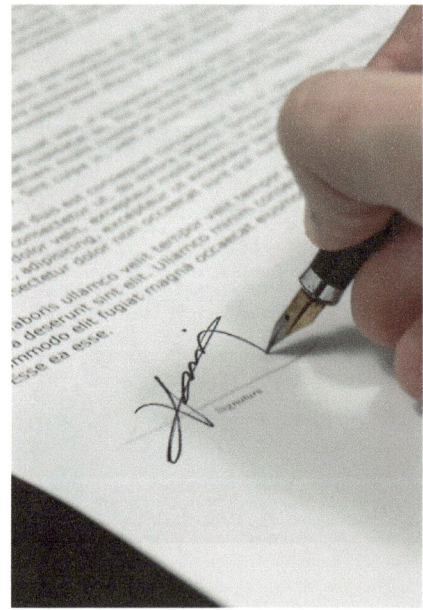

118.

PART 03
실습예제 11.

대비가 심한 이미지 톤 밸런스 조정
BREAK TIME. 곡선 조정 패널

124.

PART 03
실습예제 12.

아식스 신발 포스터

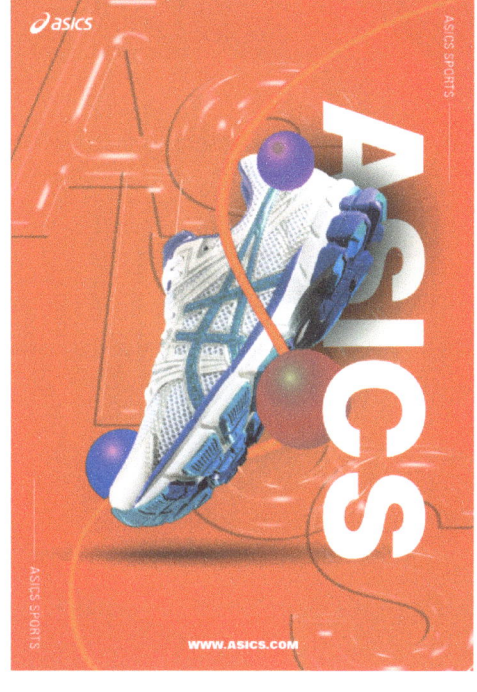

164.

PART 03
실습예제 13.

스캔라인 효과

174.

PART 03
실습예제 14.

촛불 연기 합성

188.

PART 04
부록.

포토샵 단축키
이미지파일의 다양한 포맷

Graphic Design Power technique

PART 01
시작하기전 준비작업.

포토샵은 디자인, 사진, 인쇄, 웹, 영상, 프리젠테이션 디자인, 3D등 다양한 분야를 다루고 있기 때문에 정확한 개념과 다양한 상황에서 정확한 환경 설정이 매우 중요합니다.

그래픽 작업 프로세스

그래픽디자인은 작업의 종류에 따라 차이는 있지만, 모든 그래픽디자인 작업에는 프로세스 (작업과정)가 있습니다. 아래의 작업과정은 가장 기본적인 과정이며 상황에따라 추가되거나 생략 되기도 합니다.

01. 컨셉트 설정하기
어떤 목적으로 어떻게 만들 것인지에 대한 고민과 기본적인 방향을 설정하는 단계입니다.

02. 아이디어 회의
목적 및 컨셉이 정해지면 표현 방향에 대해 클라이언트와 의견을 나눕니다.

03. 아이디어 스케치
표현에 필요한 다양한 요소를 썸네일 스케치를 통해 구체적으로 발전시킵니다.

04. 소스 확보 및 자료 조사
다양한 사이트 및 직접적인 촬영을 통해 소스이미지를 확보합니다.

05. 시안 제작
클라이언트를 설득하기 위해 소스를 이용하여 원고 사이즈보다 작은 크기로 제작물을 만듭니다.

06. 원고 제작
승인된 시안을 바탕으로 실제 매체에 적용할 원고사이즈의 제작물을 만듭니다.

07. 최종 확정 및 수정 작업
원고가 완성되더라도 최종 사용을 위해서는 필요한 만큼의 수정을 반복합니다.

08. 교정 출력
최종 인쇄에 들어가기 전에 색상 및 텍스트의 오타를 체크하기 위해 미리 출력을 해봅니다.

09. 최종 인쇄
신문, 잡지, 옥외광고물 등 실제 사용될 매체의 규격에 따라 인쇄합니다.

상업적인 작업에서는 클라이언트와 커뮤니케이션 능력이 매우 중요합니다

개인 작업 공간 설정하기

포토샵에는 다양한 환경설정이 있지만 제일 중요한 환경설정(편집 / 환경설정)과 작업공간 설정을 개인의 작업과 맞게 설정 후 작업을 진행하면 보다 효율성과 편리성을 동시에 확보할 수 있습니다.

필자의 포토샵 CC2023 작업 공간(포토샵 버전과 상관없이 설정 가능)

자신이 원하는 이미지 추출 (마스킹)

포토샵의 핵심기능 중 하나인 마스킹 기능은 특히 이미지의 합성에서 완성도 높은 작업을 위해서는 필수 사항입니다. 마스킹의 기능은 매우 다양하며, 상황에 따라 맞는 마스킹 기능을 사용해야 작업의 퀄리티를 높일 수 있습니다.

이미지 해상도

해상도는 이미지 픽셀의 밀도를 의미합니다. 특히 해상도는 매체별 또는 사용목적에 따라 필요한 해상도는 달라집니다. 웹 이미지, 디지털 출력, 종이인쇄, 스크린 등 다양한 매체별 해상도는 일반적으로 다음과 같습니다.

매체 종류	LPI	PPI	DPI
웹, 스마트폰	36 lpi	72 ppi	72 dpi
실사출력	75 lpi	150 ppi	150 dpi
신문	100 lpi	200 ppi	200 dpi
잡지, 브로슈어	133~175 lpi	266~300 ppi	266~300 dpi

LPI
Line Per Inch
PPI
pixel per inch
DPI
dots per inch

- LPI는 옵셋인쇄에서 쓰이며 선수라고도 합니다.
- PPI는 디스플레이상에서의 해상도를 나타냅니다.
- DPI는 출력물, 인쇄상에서의 해상도를 나타냅니다.
- PPI나 DPI나 해상도를 나타내는 단위로써는 같은 맥락입니다.
- PPI나 DPI가 높아질수록 1inch당 안에 구성하는 Pixel과 dot가 많이지므로 선명도가 좋아지지만, 용량이 커집니다.
- 포토샵에서 해상도(Resolution) PPI가 조정되면 모니터 화면 속에서 Pixel의 Inch대비 개수 변화 때문에 사진 크기에 변화가 있지만, 출력 시에는 출력 크기에 변함없이 출력된 사진의 선명도에만 변함이 있습니다.

컬러모드(RGB와 CMYK모드)

인쇄용 색상모드 = CMYK | 디스플레이용 색상모드 = RGB

RGB모드
빛의 삼원색으로 빨간색(RED), 녹색(GREEN), 파란색(BLUE)를 조합해 정의한 색으로 색을 혼합할수록 점점 밝아지고 하얀색에 가까워지는 가산 혼합의 색 모형입니다. 스마트폰, 웹이미지, 모니터 등 디스플레이에서 색상을 표현할 때 사용됩니다.

CMYK모드
염료의 3원색인 시안(CYAN), 마젠타(MAGENTA), 노랑(YELLOW)에 검정(KEY PLATE/BLACK)을 추가한 네 가지 색을 조합해서 정의한 색으로 색을 혼합할수록 점점 어두워지고 검은색에 가까워지는 감산 혼합의 색 모형입니다. 카달로그, 브로슈어 등 인쇄 이미지에서 색상을 표현할 때 사용됩니다.

톤 조절 기능

포토샵의 기능 중 색상과 톤을 작업자의 원하는 대로 조절하는 능력이 매우 중요합니다. 많은 톤 보정 관련 기능 중 가장 많이 사용되고 있는 곡선 기능과 색상, 명도, 채도를 동시에 조절할 수 있는 색조 / 채도 기능은 필수적으로 숙지하여야 합니다.

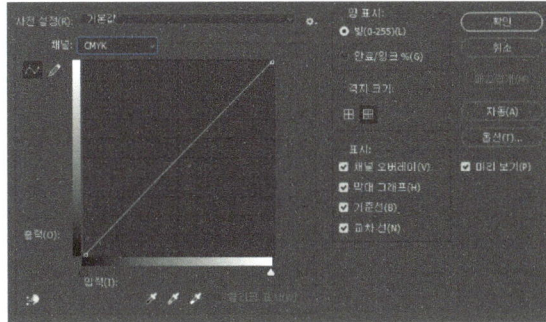 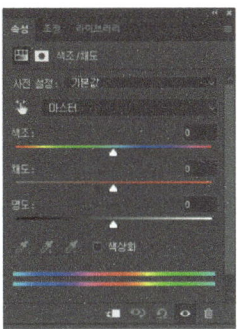

포토샵 단축키 활용

포토샵 프로그램의 단축키 사용은 작업시간을 많이 절약 할 수 있습니다. 단축키의 종류에는 아래에서 설명한 총 4가지 종류의 키로 구성 되어있습니다.

단축키
특정 기능을 보다 빨리 실행하기 위해 마우스 대신 사용되는 모든 종류의 키를 말합니다. 포토샵 메뉴의 명령어 옆에 단축키가 표시되어있습니다.

글쇠키
M(선택영역), V(이동), B(브러시), L(올가미)등 단순히 낱개의 글쇠로 구성된 키를 말합니다. 주로 툴박스의 툴을 선택할때 자주 사용됩니다. 글쇠키는 한글 상태에는 사용되지 않고 영문 상태에서 사용이 가능합니다.

조합키
특정 작업을 할때 다른 키와 함께 사용하는 키로서 Art, Shift, Ctrl 등이 조합키에 속합니다. 어떤 조합키를 사용하느냐에 따라서 작업의 결과가 달라집니다.

기능키
키보드 제일 상단에 위치한 F1, F2, F3 ~ F12 까지의 키를 말합니다. F는 Function(기능)을 의미하며, 원하는 기능키는 사용자가 직접 액션패널에서 설정이 가능합니다.

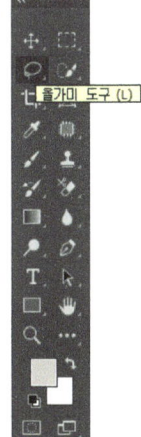

PART 02
기본기를 위한 필수 기능.

파트 2 에서는 포토샵기능 중 필수적인 기능을 설명합니다. 포토샵의 수 많은 기능을
익히겠다는 욕심보다는 필수적인 기능을 집중적으로 익히고 꾸준한 연습이 필요합니다.

① 펜툴을 이용한 선택영역 만들기

펜툴을 이용한 패스그리기는 많은 방법이 있지만 제일 부드럽고 기본적인 방법을 이용한 패스
그리기 입니다. 이 방법은 방향키를 움직이지 않고 최대한 자연스럽게 이미지를 추출하는 방법
입니다.

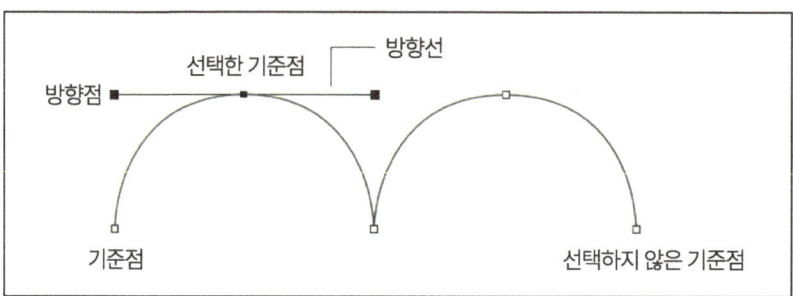

이미지 추출시 펜툴그리기 기본 사용방법

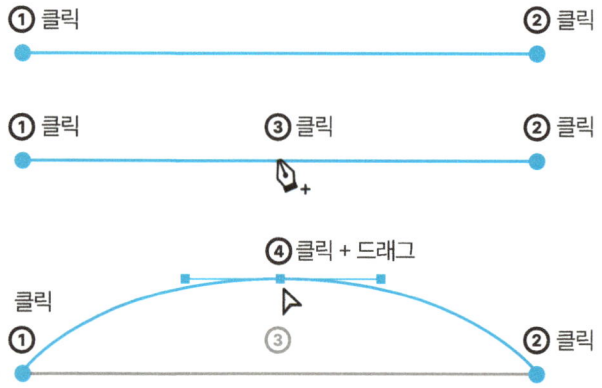

펜툴을 선택한 상태에서 Ctrl 키를누르면 이동 툴로 마우스가 변합니다.

펜툴을 이용한 이미지 추출의 경우에는 자동차, 건물 등 인공적인 물건인 경우 적합합니다.

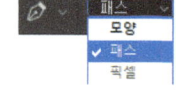

툴박스의 펜툴을 선택 한 후 상단 패스 옵션창에서 패스를 지정한다.
스탭 1. - ① 번 점 클릭, 스탭 2. - ② 번 점 클릭, 스탭 3. - ③ 번 점 추가, 스탭 4. - ④ 번 점 클릭
후 드래그 해서 원하는 위치까지 이동 합니다. 스탭 3 과 스탭 4 는 곡선을 그릴때 사용하며,
방향선과 방향점을 움직이지 않고 수평 상태에서 그대로 이동합니다.

② 빠른 마스크를 이용한 선택영역 만들기

빠른 마스크 모드는 선택 영역을 편집하는 모드입니다. 세밀하고 디테일한 작업시 매우 유용한 기능 입니다. 이러한 마스크를 만드는 이유는 이미지를 합성하거나 효과를 적용할때, 사용자가 원하는 특정 부분을 사용하기 때문입니다. 포토샵에서 마스킹과 선택영역은 매우 밀접한 관계가 있으며 포토샵 전체에서 30% 정도의 기능이 선택과 마스킹에 관련된 기능들입니다. 완성도가 높은 작업을 위해 정교한 마스킹은 필수적입니다. 따라서 마스킹의 원리와 개념을 이해하면 포토샵 작업은 훨씬 쉬어진다고 할 수 있습니다.

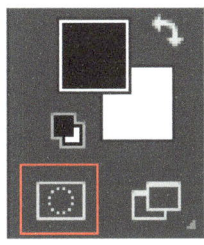 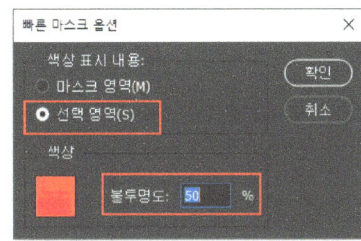 

빠른 마스크 옵션 세팅화면

빠른 마스크 옵션 대화상자의 붉은색은 마스킹 된 영역을 나타내는 가상의 색입니다. 툴박스 패널에서 빠른 마스크 아이콘을 더블클릭하면 빠른마스 옵션 대화상자가 나타납니다. 옵션창에서 색상표시 내용을 선택영역으로 체크하면 축구공 이미지가 붉은색으로 표시됩니다.

   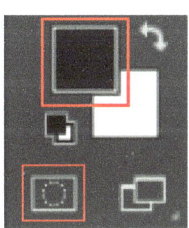

빠른 마스크모드 검정색은 빨간색을 채워주며, 흰색은 빨간색을 지워줍니다.

위 이미지는 축구공 이미지를 추출하는 마스킹 과정입니다. 키보드 Q(빠른마스크 단축키)를 눌러 빠른마스크 모드로 들어갑니다. 브러시를 이용해 축구공만 색을 칠합니다. 여기서 브러시의 색상은 전경색을 검정색이어야 빨간색이 칠해집니다. 흰색은 빠른마스크 모드에서 빨간색을 지우는 역할을 합니다.

빠른 마스크 옵션에서 색상표시내용의 선택영역 체크는 필수 입니다.

축구공의 마스킹이 완성된 후 Q(빠른마스크 단축키)를 누르면 위 이미지처럼 스탠다드 모드로 변하면서 붉은색 부분이 선택영역으로 바뀝니다. 레이어메뉴 하단 레이어 마스크 아이콘  을 클릭하면 축구공만 보이고 나머지 이미지는 가려집니다.

③ 브러시 툴을 이용한 마스킹

빠른 마스크 와 레이어 마스크에서 브러시 툴을 이용한 마스킹 하는 방식은 작업 시간과 정성이 많이 들어가지만 매우 정교한 마스킹이 가능합니다. 이러한 마스킹 방법은 인물, 꽃, 동물, 사람, 나무 등 초점이 흐리거나 각도가 복잡한 사물의 경우 매우 유용한 방식입니다. 이러한 불규칙적인 형태의 마스킹 작업의 경우 브러시 툴의 크기와 경도(흐림정도)가 매우 중요합니다.

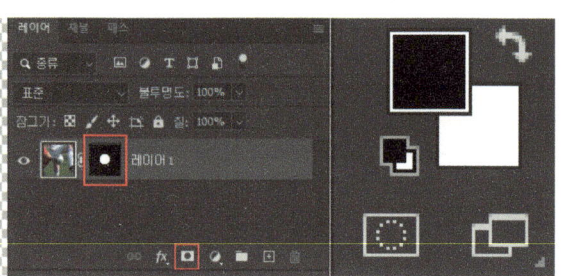

브러시 툴 세팅
인물의 경우 경도 값을 68~72, 불투명도 값은 100% 로 설정합니다.

백터 마스크를 제외한 모든 마스크는 흑백의 필셀로 구성되어 있습니다. 그렇기 때문에 레이어 마스크의 검정색 부분(가려짐)은 이미지가 보이지 않고, 흰색부분(나타남)은 이미지가 보입니다. 레이어 마스크의 색칠은 브러시 툴을 이용하여 색칠을 하면 됩니다.

레이어 마스크 지우기 1 - 레이어 마스크 선택 후 레이어패널 하단 휴지통으로 드래그
레이어 마스크 지우기 2 - 레이어 마스크 선택 후 Delete
레이어 마스크 비활성화 - Shift + 레이어 마스크 클릭
레이어 마스크 만 보기 - Alt+ 레이어 마스크 클릭

④ 레이어 마스크

이미지의 합성은 최소 2컷 이상의 이미지가 서로 섞여서 새로운 이미지를 만들어 냅니다. 각각의 이미지를 합성하는 경우 레이어 마스크는 매우 중요한 역할을 합니다. 이뿐만아니라 톤의 조정, 이미지 리터치의 경우에도 자주 사용되는 중요한 기능입니다.
레이어 마스크는 일반 레이어 뿐만아니라 조정 레이어, 문자 레이어, 고급개체 레이어 등 모든 레이어에 적용이 가능합니다. 특히 그룹에서도 마스크가 가능하기 때문에 이중으로 마스크 효과를 적용할 수 있습니다. 레이어 마스크에 적용된 효과는 언제든지 크기 조정도 가능하기 때문에 잘 활용하시길 바랍니다.

⑤ 이미지 조정 기능 - 곡선

곡선 기능은 이미지 조정 기능 중에서 가장 많이 쓰는 기능 중의 하나이기 때문에 꼭 숙지 하시기 바랍니다. 곡선 기능은 옵션이 다양하며 특정한 부분의 계조를 정교하고 세밀하게 조정이 가능합니다.

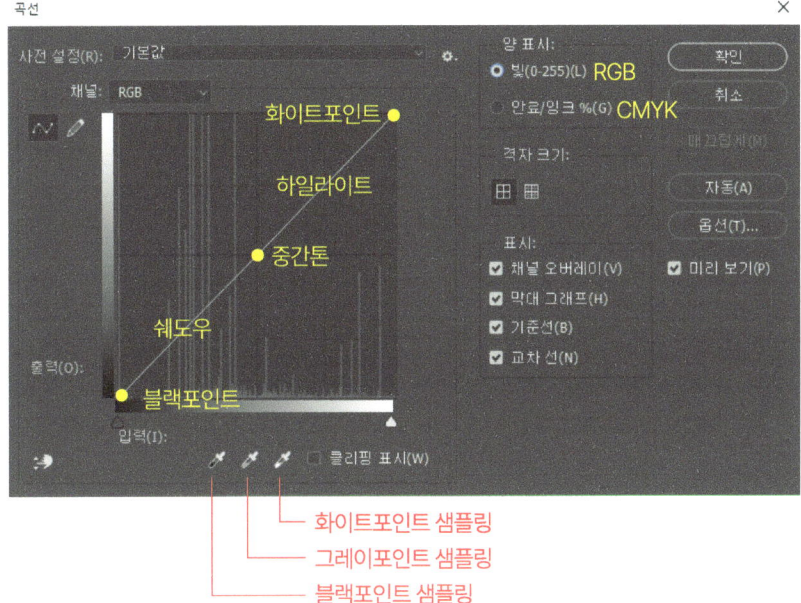

곡선 그래프의 제일 중요하고 반드시 숙지해야할 사항은 화이트 포인트(이미지의 가장 밝은 지점), 블랙포인트(가장 어두운 부분)의 위치와 그리고 하일라이트, 중간톤, 쉐도우톤의 위치입니다. 작업 이미지가 지나치게 밝거나 어둡지 않는 경우를 제외하고 화이트 포인트와 블랙 포인트를 극단적으로 옮기지 않아야 합니다.

⑥ 브러시

브러시는 그리기 도구 중에서 가장 많이 쓰는 툴 중의 하나입니다. 주로 사물을 마스킹 하거나 그릴때 사용되지만, 특수 효과나 그레이디언트 효과를 주는 경우에도 많이 사용합니다. 브러시 패널에서 제공되는 다양한 옵션을 잘 조합하면 표현의 가능성은 매우 놀라울 정도로 무궁무진 해집니다. 브러시는 원 뿐만 아니라 타원형, 네모, 커스텀 브러시를 만들어 사용하는 방법도 있습니다. 브러시의 크기 조정의 크기는 [(대괄호 왼쪽은 크기 작아짐),] (대괄호 오른쪽은 크기가 큼집) 사용 도중 Alt 키와 마우스 오른쪽 버튼을 동시에 누른채 드래그 위, 아래 (브러시 경도를 조정) 하거나, Alt 키와 마우스 오른쪽 버튼을 동시에 누른채 드래그 좌, 우(브러시 크기 조정)로 하면 변경이 가능하며, Shift + Alt 키를 누른채 마우스 오른쪽 버튼을 클릭하면 브러시의 컬러를 수정할 수 있습니다.

Alt + 마우스 오른쪽 버튼 클릭

Shift + Alt + 마우스 오른쪽 버튼

브러시 툴 세팅시 체크할 사항 중 중요한 항목은 상황에 따라, 크기 / 경도 / 투명도 입니다

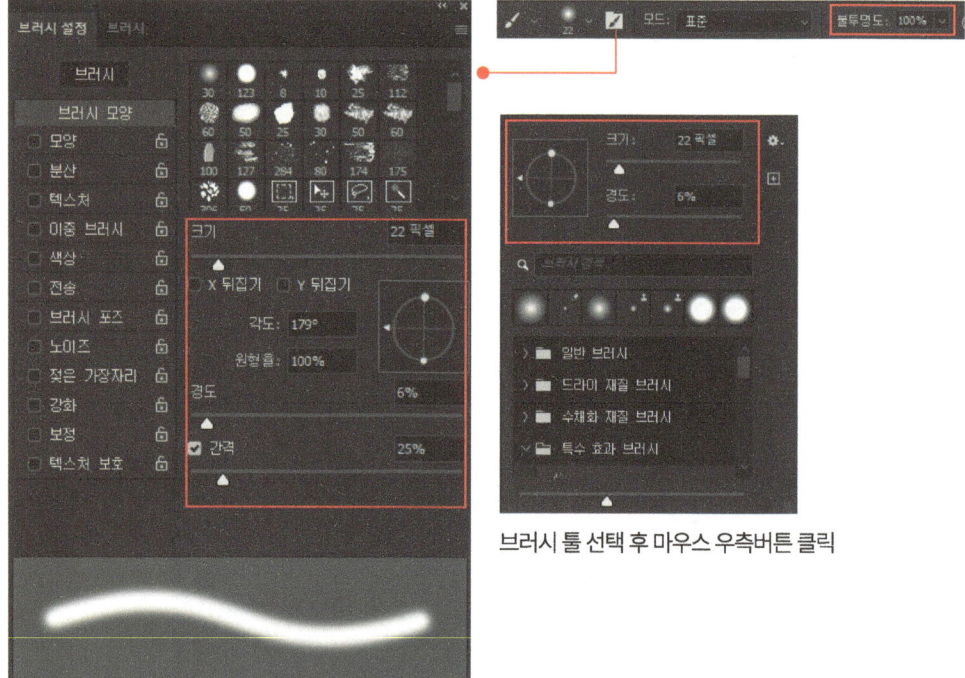

브러시 옵션 대화상자

브러시 툴 선택 후 마우스 우측버튼 클릭

계란이 있는 레이어 바로 밑에 레이어를 하나 추가하여 브러시(타원형으로 조정)로 그림자를 그립니다. 여기에서 중요한 부분은 브러시의 옵션을 정교하게 조정하여 여러번(브러시 투명도 조정) 그려주는것이 핵심이라 할 수 있습니다.

⑦ 블렌딩 모드

블렌딩 모드는 선택된 레이어의 픽셀과 바로 아래 위치한 레이어의 픽셀들이 혼합되어 눈에 보여지는 이미지를 정하는 방식입니다. 예를 들어 스크린모드는 위쪽 아래쪽 레이어 픽셀들의 값을 더하여 밝게 보여주며, 곱하기 모드는 위쪽과 아래쪽 픽셀들의 값을 빼서 어둡게 보여줍니다. 자주 쓰는 블렌딩 모드는 곱하기 / 스크린 / 오버레이 / 색상 / 하드라이트 / 어둡기 / 밝기 / 차이 / 제외 / 소프트라이트 / 광도 / 컬러번 모드 입니다. 블렌딩 모드를 적용 하였는데 원하는 이미지가 나오지 않았을 경우에는 레이어의 투명도를 조절하는 방법과 레이어 마스크를 활용하여 부분적으로 효과를 살리는 방법이 있습니다. 블렌딩 모드는 레이어를 여러 개 만들어 각기 다른 블렌딩 모드를 저장하는 방법으로 중복 사용이 가능합니다.

Multiply(곱하기) 모드
상위 레이어와 하위 레이어의 색상을 곱하는 방식으로 합성해 줍니다. 컬러 색에 검정색이 추가되면 더 검정색이 됩니다. 흰색은 영향을 주지 않습니다. 결국 합성의 결과는 색상이 더욱 어두워진다는 특징이 있습니다.

Screen(스크린) 모드
하위 레이어와 상위 레이어의 색상을 명도 반대색으로 곱하는 방식으로 합성해 줍니다. 이미지가 점차 밝아진다고 생각하면 됩니다. 두 대의 서치라이트로 한군데에 집중 조명하는 밝은 효과라고 생각하면 됩니다.

Overlay(오버레이) 모드
Sceen 모드 + Multiply 모드를 합쳐서 레이어의 색상을 합성합니다. 상위 레이어의 가장 어두운 곳과 가장 밝은 곳은 보호하며 레이어가 합성됩니다. 명암 대비가 큰 이미지를 제작할 때 사용하는 기능입니다.

Color(색상) 모드
하위 레이어의 명도를 사용하고 상위 레이어의 색상과 채도를 사용해 두 레이어를 합성합니다. 이 기능은 상위 레이어가 흑백 이미지이고 하위 레이어가 컬러일 때 적용하면 근사한 분위기를 연출할 수 있습니다.

Hard Light(하드 라이트) 모드
Screen 모드 + Multiply 모드를 합쳐서 레이어의 색상을 합성하지만 주로 강렬한 색상의 변화를 만들 수 있습니다. 기본 원리는 합성 결과가 회색을 기준으로 밝으면 더욱 밝아지고, 합성 결과가 회색보다 어두우면 더욱 어두워 집니다. 약간의 그림자를 띈 이미지를 제작할 수 있습니다.

Darken(어둡기) 모드
상위 레이어와 하위 레이어에서 검정색 부분을 유난히 강조하며 합성하는 방식입니다. 즉 밝은 영역은 점차 없어지고 어두운 색 위주로 두 레이어가 합성됩니다.

https://seokblog.tistory.com/89

Lighten(밝기) 모드

상위 레이어와 하위 레이어에서 밝은 부분만 뽑아서 이미지를 합성해 줍니다. 양쪽 레이어에서 더 우두운 영역은 대부분 제거하고 주로 밝은 영역만 뽑아서 이미지를 합성하는 것입니다.

Difference(차이) 모드

상위 레이어와 하위 레이어를 비교한 뒤 흰색 영역은 보색으로 합성해 줍니다. 흰색이 아닌 영역은 상위 레이어에서 하위 레이어 색상을 빼는 방식으로 합성해 줍니다. 보색 합성이라 이해하면 됩니다.

Exclusion(제외) 모드

Difference 모드와 비슷한 방식으로 상위 레이어와 하위 레이어를 합성해 줍니다. 대비치가 작도록 부드럽고 원만하게 두 레이어가 합성됩니다.

Soft Light(소프트라이트) 모드

회색 색상을 기준으로 이보다 밝은 영역은 더 밝게 합성해 줍니다. 회색보다 어두운 영역은 더 어둡게 합성해 줍니다. 뿌연 효과의 합성 모드 입니다.

Luminosity(광도) 모드

하위 레이어의 채도와 색상을 뽑아내고 하위 레이어의 명도를 뽑아내 두 레이어를 합성해 줍니다. Color 모드와는 달리 주로 명도로 이미지를 합성하기 때문에 하위 레이어가 단색 계통이면 합성 결과도 단색 계통이 됩니다.

Color Burn(컬러 번) 모드

Color Burn 모드는 Color Dodge 모드의 반대되는 합성 모드로 이미지가 어두워지는 방향으로 합성됩니다. 하위 레이어가 번 툴을 사용하듯 상위 레이어의 색상을 어둡게 만들어 줍니다.

페인트 모드와 블렌딩 모드의 차이

블렌딩 모드를 접할 때 다소 혼란을 느끼는 부분이 툴에 나타나는 모드와 레이어에 나타나는 모드의 차이입니다. 기본적으로 같은 원리이지만 툴(주로 그리기 툴)에 나타나는 모드는 툴을 사용함에 따라 반복적으로 적용되는 효과를 의미하며 이를 페인트 모드라고 합니다. 레이어에 나타나는 모드는 선택된 레이어와 아래 있는 레이어 사이의 관계를 의미하며 블렌딩 모드라고 합니다. 페인트 모드는 어떤 툴을 선택했느냐에 따라 옵션이 조금씩 다르게 나타납니다. ❶페인트 모드 ❷블렌딩모드

블렌딩 모드는 선택된 레이어의 픽셀과 바로 아래 위치한 레이어의 픽셀들이 혼합되어 눈에 보여지는 지를 정하는 방식입니다. 예를 들어 스크린모드는 위쪽 아래쪽 레이어 픽셀들의 값을 더하여 밝게 보여주며, 곱하기 모드는 위쪽과 아래쪽 픽셀들의 값을 빼서 어둡게 보여줍니다.

자주 쓰는 블렌딩 모드는 곱하기 / 스크린 / 오버레이 / 색상 / 하드라이트 / 색상번 모드 입니다. 블렌딩 모드를 적용 하였는데 원하는 이미지가 나오지 않았을 경우에는 레이어의 투명도를 조절하는 방법과 레이어 마스크를 활용하여 부분적으로 효과를 살리는 방법이 있습니다.

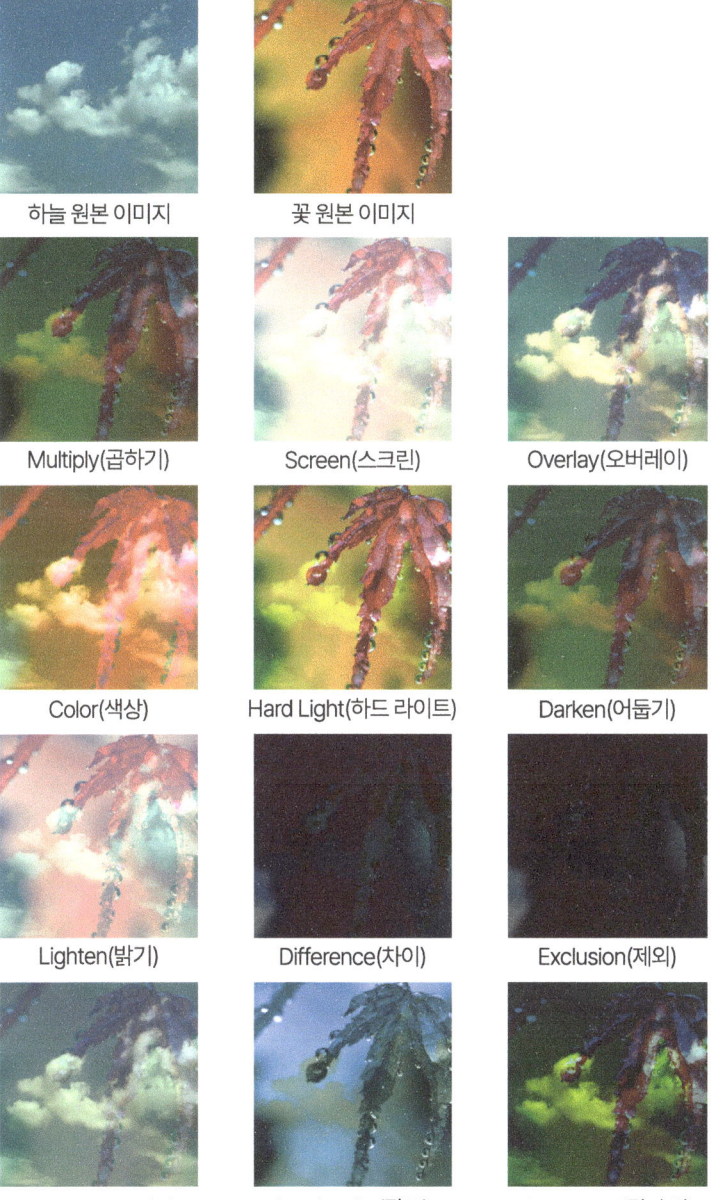

블렌딩 모드를 적용해도 원하는 이미지가 나오지 않을 경우에는 레이어의 투명도를 조절하는 방법과 마스크에서 부분적으로 효과를 살리는 방법이 있습니다.

◉ 클리핑 마스크

클리핑 마스크는 기준을 잡고 있는 레이어(DESIGN)위에 위치한 레이어(하늘이미지)를 기준을 잡고 있는 레이어(DESIGN)에 종속 시키는 기능입니다.

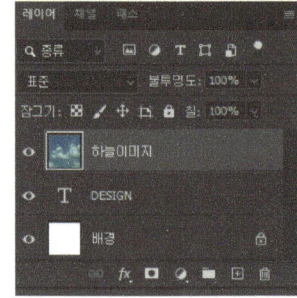

하늘이미지 레이어와 문자 레이어(DESIGN) 그리고 배경 레이어가 위치하고 있습니다. 이때 문자 레이어에 하늘이미지 레이어를 종속시키는 경우를 예를 들어보겠습니다. 먼저 제일 상단에 위치한 하늘이미지 레이어를 선택하여 줍니다. 여기서 기준이 되는 레이어는 문자 레이어(DESIGN) 입니다. 클리핑 마스크(하늘 레이어가 문자 레이어에 종속)를 적용하기 위해 레이어 패널에서 Alt 키를 누른채 하늘이미지 레이와 문자 레이어 사이에 마우스를 가져가면 마우스 포인터가 ↓□ 모양으로 바뀌게 되는데 이때 레이어 사이를 클릭하면 클리핑 마스크를 만들거나 해제할 수 있습니다. 클리핑 마스크를 해제하려면 다시 Alt 키를 누른채 하늘이미지 레이와 문자 레이어 사이를 클릭하면 해제됩니다.

클리핑 마스크 단축키
Ctrl + Alt + G

◉ 문자 편집

포토샵에서 문자를 입력하는 방법은 크게 두가지 방법으로 문자를 입력합니다. 첫번째는 툴박스에서 타입 툴(T.)을 선택한 후 클릭을 해서 입력하는 방법과 두번째는 드래그(텍스트 상자 생성)를 한 후 원하는 글꼴을 지정한 후 문자를 입력합니다.

문자 레이어의 썸네일 아이콘을 더블 클릭하면 모든 글자 선택

내 용	단축키	명령
글자 크기	Shift ✚ Ctrl ✚ <(작음), >(큼)	1포인트씩 크기 변경
글자 자간	Art ✚ ←(작음), →(큼)	1포인트씩 크기 변경
글자 행간	Art ✚ ↓(작음), ↑(큼)	1포인트씩 크기 변경
글자 행간 자동	Art ✚ Shift ✚ Ctrl ✚ A	자동으로 행간 정렬
오른쪽 정렬	Shift ✚ Ctrl ✚ R	문단 정렬
왼쪽 정렬	Shift ✚ Ctrl ✚ L	
가운데 정렬	Shift ✚ Ctrl ✚ C	

글자 자간이 0 으로 설정시에
Shift + Ctrl + Q

⑩ 문자의 기본 공식

문자의 종류와 사이즈의 경우 디자인 작업의 완성도에서 매우 중요한 역할을 차지합니다.
그러므로 문자의 종류와 사이즈는 신중히 고민하여 선택해야합니다.

첫째, 본문과 타이틀을 구별합니다.
타이틀과 본문의 대비감이 클수록 가시성과 주목도가 높아집니다.

둘째, 문자간의 자간은 좁히고 행간은 넓힙니다.
자간은 글자 사이의 간격을 뜻하고 행간은 글 줄 사이의 간격을 의미합니다.

셋째, 문자의 모양은 정방형으로 합니다.
문자를 길쭉하게 만들지, 납작하게 만들지는 장평으로 조절할 수 있습니다. 특별한 이유없이 장평을 손대지 않습니다. 문자를 임의로 길쭉하게 늘리거나 납작하게 변형을 하면 문자의 가독성 및 심미성이 않 좋을수 있습니다.

넷째, 문자의 선택은 보다 신중하게 선택되어야 합니다.
고딕계열과 명조계열의 문자를 합당한 이유가 있지 않는 이상 마구잡이로 섞어서 쓰지 않는 것이 좋습니다. 가독성이 떨어지는 장식 요소가 과한 폰트는 본문 폰트로 사용하기에는 부적절 합니다. 문자의 두께가 단 하나 뿐이라면 그 문자는 가급적 사용하지 않는 것이 좋습니다. 가능한 문자의 두께가 다양한(패밀리문자) 문자를 사용하길 권장합니다.

다섯째, 문자의 크기와 굵기를 통해 시각적 위계 구조를 만듭니다.
글자의 두께의 경우 타이틀은 Bold 본문은 Reguler, 혹은 타이틀은 Extra light, 본문은 Reguler 로 '대비감'을 주면서도 '일관되게' 사용하는 것이 매우중요합니다.

⑪ 파워포인트 작업 (포토샵, 일러스트레이터)

학교, 회사, 공공기관 , 기업 등에서 제안서나 기획서를 작업하는 경우가 많습니다. 대부분의 제작물들은 파워포인트로 제작되어 지고 있습니다. 하지만 포토샵과 일러스트레이터 프로그램을 활용한 프리젠테이션 디자인 결과물은 최종 결과물의 퀄리티는 파워포인트 작업보다 더욱 좋은 결과물을 표현할 수 있습니다. 필자의 경우 프리젠테이션 디자인의 경우 포토샵과 일러스트레이터를 활용하여 제작을 하고 있습니다.

포토샵(파워포인트 사이즈)					
4:3 사이즈(일반)			16:9 사이즈(와이드)		
가로 사이즈	세로 사이즈	해상도	가로 사이즈	세로 사이즈	해상도
960 px	720 px	96 dpi	338.7 mm	190.5 mm	150 dpi
1500 px	1125 px	150 dpi			
2200 px	1650 px	220 dpi			
3000 px	2250 px	300 dpi			

일러스트레이터(파워포인트 사이즈)					
4:3 사이즈(일반)			16:9 사이즈(와이드)		
가로 사이즈	세로 사이즈	해상도	가로 사이즈	세로 사이즈	해상도
254 mm	190.5 mm	150/300 dpi	338.7 mm	190.5 mm	150/300 dpi

포토샵 작업의 경우
위 도표 사이즈로 포토샵에서 작업 후 복사(Ctrl +C)한 후, 파워포인트에 붙여넣기(Ctrl +V)하면 됩니다. 해상도의 경우 최종 결과물에 따라 적용하며, 일반적으로 가로 960 px, 세로 720 px, 해상도는 96dpi 에서 작업합니다.

포토샵에서 작업 후 여러 레이어가 있는 경우 복사할 때는 병합하여 복사(Ctrl + Shift + C)하여 붙여 넣기((Ctrl + V)를 합니다.

일러스트레이터의 경우
일러스트레이터는 백터이미지 기반이므로 해상도 설정은 크게 문제없습니다. 일러스트레이터에서 작업한 다음 상단메뉴 파일 / 내보내기 / 내보내기형식 / 파일형식(JPG), 대지사용(체크), 모두(체크) 후 내보내기 버튼을 클릭합니다(각 페이지 JPG파일로 저장됨).

일러스트레이터의 경우 저장을 JPG 저장 후 파워포인트로 불러 옵니다.

파워포인트 JPG파일 한번에 여러장 불러오기
메뉴바에서 삽입 / 사진앨범 / 파일디스크 클릭 / 이미지 선택(여러장) 후 삽입 클릭 / 그림레이아웃(슬라이드에 맞춤) / 만들기 클릭(순서대로 이미지가 불러옴)

파워포인트 사진앨범 단축키 : Alt + N, A, 1, A(Alt + N누른 후 A, 1, A 순서로 누름)

⑫ 무료 사이트

무료 이미지 사이트

https://pxhere.com/
http://morguefile.com/
https://www.textures.com/
https://kr.freeimages.com/
https://pixabay.com/en/
https://unsplash.com/
https://skitterphoto.com/
http://www.stockvault.net/
https://www.pxfuel.com
https://www.splitshire.com/
http://snapwiresnaps.tumblr.com/
https://jeshoots.com/
http://publicdomainarchive.com/
http://www.freeimages.co.uk/
https://freerangestock.com/
http://freenaturestock.com/
http://papers.co/
https://snappygoat.com/

http://www.freephotosbank.com/
http://www.everystockphoto.com/
http://www.unprofound.com/
http://www.amgmedia.com/
http://fancycrave.com/
https://stocksnap.io/
https://www.rawpixel.com/
https://www.foodiesfeed.com/
https://picography.co/
http://gahag.net/
https://pixy.org/
https://magdeleine.co/browse/

한글 무료 폰트 사이트

https://noonnu.cc/

영문 무료 폰트 사이트

https://www.dafont.com/
https://www.losttype.com/
https://www.freefaces.gallery/

PART 03
실습예제 01.

① 인쇄광고(공익광고)

동물 보호 공익 인쇄광고 입니다.

소스파일 : ① 로고 파일, ② 립스틱 이미지파일, ③ 총알 이미지파일

01.

파일 / 새로만들기 클릭, 새로운 문서 만들기 대화상자 에서 A4 사이즈 (가로 210 mm 세로 297mm) 해상도 150 dpi 색상모드는 RGB를 지정 후 새로운 문서를 만듭니다. (단, 옵셋 인쇄의 경우 해상도 300dpi / 색상모드 CMYK)

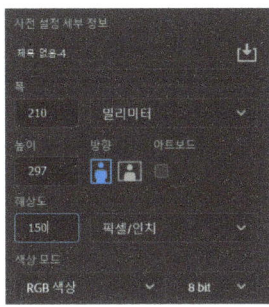

02.

작업에 앞서 먼저 새 문서에서 가이드선을 생성 해줍니다. 이유는 대지의 가장 자리에 일정한 여백과 문서의 중심을 알기 위함이며, 이렇게 설정한 가이드 선은 전체 레이아웃을 배치하는데 꼭 필요한 순서 입니다. 좌, 우, 상, 하 1cm ~ 2cm(정도의 여백을 두는 것이 일반적입니다. 특별한 경우 이외에는 노란색 부분에 이미지, 카피, 로고 등 구성요소들이 모두 포함되어야 합니다. 레이어패널의 배경레이어의 자물쇠를 클릭하여 없애줍니다. 가이드 선 생성을 위해 눈금자(Ctrl + R)를 활성화 시킵니다. 그 다음 자유변형(Ctrl + T)을 실행하면 파란색 바운딩 박스가 생성 됩니다. 바운딩 박스를 기준으로 마우스를 눈금자 위에 위치하고 클릭 후 드래그하여 가이드선을 생성해줍니다.

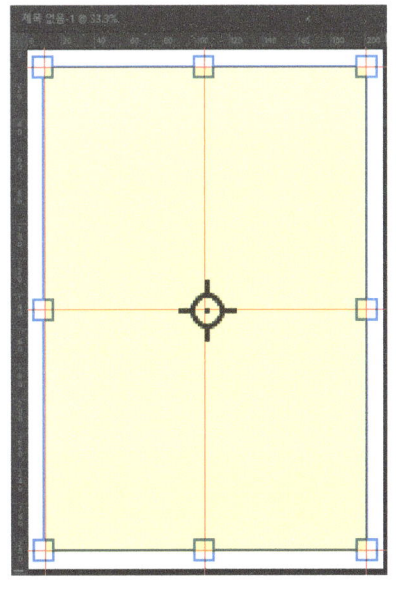

가이드 선을 생성 하기 위해서는 배경레이어의 자 물쇠를 클릭하여 자물쇠를 없애줌

눈금자의 현재 단위는 mm입니다. 단위의 수정은 눈금자(단위) 위에 마우스를 위치 시키고 우측버튼을 클릭 하면 새로운 단위를 지정 할 수 있습니다.

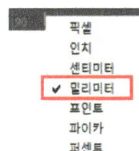

03.

예제 소스 파일(② 립스틱 이미지.jpg)을 엽니다. 패스툴 을 이용해 립스틱 부분만 이미지를 추출합니다. 상단 패스 옵션 창에는 패스가 선택되어져 있어야 합니다. 패스로 누끼작업이 끝나면, 단축키 Ctrl + Enter(Ctrl 누른 상태에서 Enter 키를 누름)를 실행하면, 패스가 선택영역으로 변합니다. 립스틱레이어가 선택되어 있는 상태에서 단축키 Ctrl + J(현재 자리에 그대로 복사)를 실행하면 립스틱 레이어 위에 새로운 레이어가 생성되면서 립스틱 부분만 복제 되어 집니다.

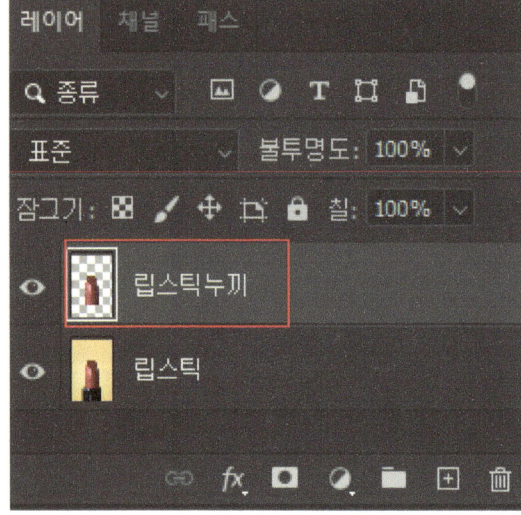

레이어명을 변경 방법은 레이어 이름을 클릭하여 변경 하여 줍니다.

04.

예제 소스 파일(③ 총알 이미지파일.jpg)을 엽니다. 패스 툴 을 이용해 총알의 탄피 부분만 이미지를 추출합니다. 상단 패스 옵션 창에는 패스가 선택되어져 있어야 합니다. 립스틱 이미지의 누끼작업과 동일한 방법으로 진행 하시면 됩니다. 패스로 누끼 작업이 끝나면, 단축키 Ctrl + Enter(Ctrl 누른 상태에서 Enter 키를 누름)를 실행하면, 패스가 선택영역으로 변합니다. 총알 레이어가 선택되어 있는 상태에서 단축키 Ctrl + J(현재 자리에 그대로 복사)를 실행하면 총알 레이어 위에 새로운 레이어가 생성 되면서 탄피 부분만 복제 되어 집니다.

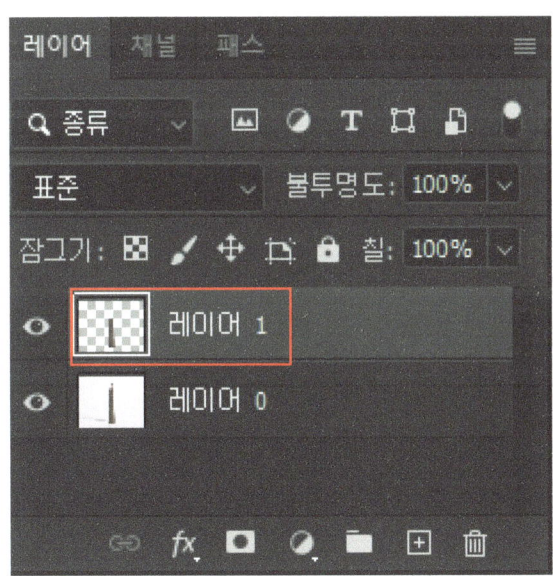

05.

③ 총알 이미지 파일.jpg 누끼를 딴 이미지를 복사(Ctrl +C) 하여 새 문서 배경레이어 위에 붙여넣기(Ctrl + V)를 하여 배치 시킵니다. 총알 레이어를 선택한 후 상단 메뉴바에서 편집 / 자유변형 (Ctrl +T)을 클릭하면 총알 이미지에 바운딩 박스(파란색)가 생성됩니다. 총알 이미지가 가로 폭과 세로 폭을 아래의 그림과 같이 조정 해줍니다.

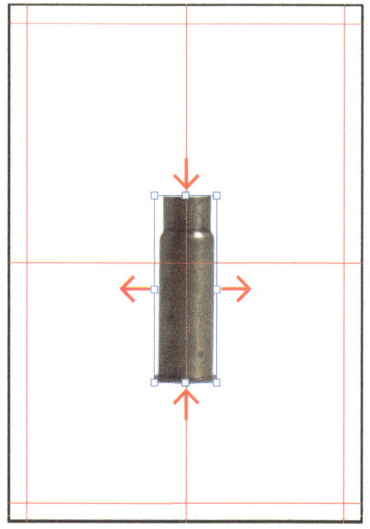
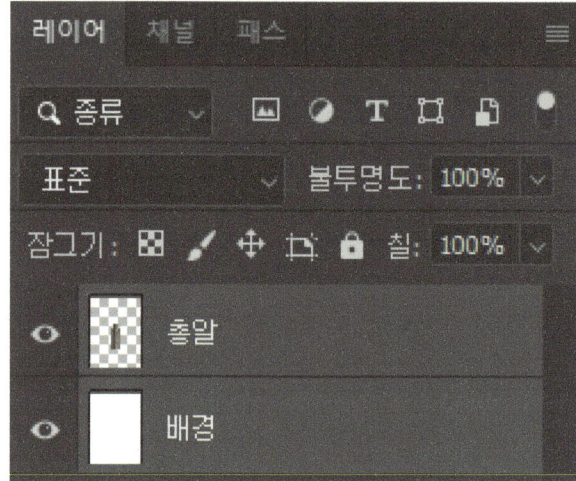

06.

② 립스틱 이미지파일.jpg 누끼를 딴 이미지를 새 문서 총알 레이어 위에 배치 시킵니다. 립스틱 레이어의 투명도를 50%를 설정(아래 총알 이미지를 보기 위해 설정) 후 상단 메뉴바에서 편집 / 자유변형을 클릭하면 립스틱 이미지에 바운딩 박스(파란색)가 생성됩니다. 립스틱 이미지를 총알이미지의 상단의 폭보다 조금 좁게 그림과 같이 수정해 줍니다. 수정을 마친 후 립스틱 레이어의 투명도를 원래와 같이 100%로 설정 해줍니다.

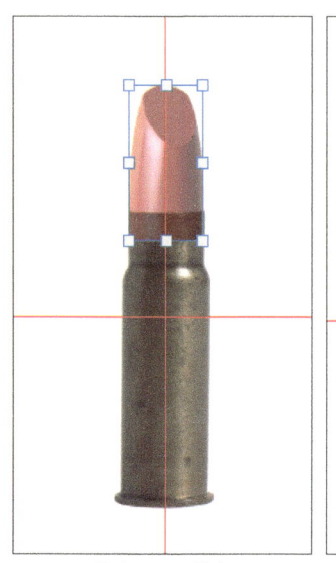
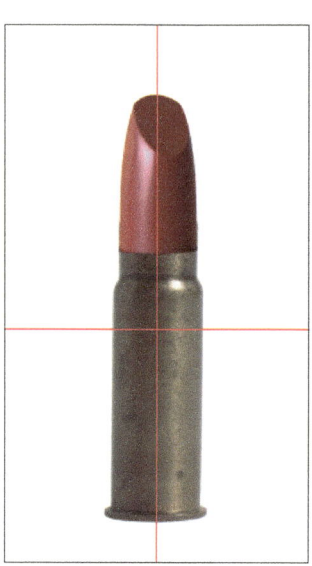
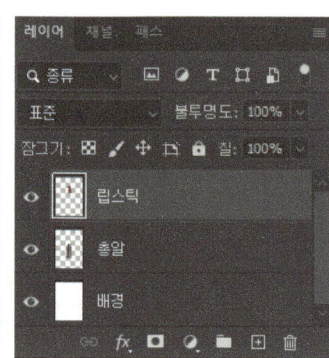

투명도 50% 설정   투명도 100% 설정

07.

립스틱 레이어를 선택한 후 Alt 키를 누른 상태에서 레이어 하단의 레이어 마스크 아이콘  을 클릭 해줍니다. 그러면 립스틱 레이어에 검정색 마스크가 생성되며 립스틱 이미지가 가려지게 됩니다(Alt 키를 누르지 않고 레이어 마스크를 클릭하면 흰색 레이어 마스크가 생성). 립스틱 레이어 마스크를 선택한 후 아래 그림과 같이 브러시(전경색 - 흰색)로 마스킹 작업을 해 줍니다. 마스킹 작업 전 먼저 브러시 옵션 대화상자에서 마스킹 작업을 위한 브러시 세팅을 해줍니다. 브러시 툴 을 선택한 후 마우스 우측 버튼을 클릭하여, 브러시 크기(58 ~ 60픽셀), 경도 값(브러시 가장자리 흐림의 정도)은 68 ~ 72% 사 값을 설정합니다.

브러시 옵션 불투명도 100% 설정

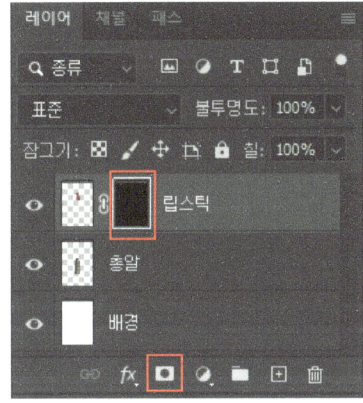

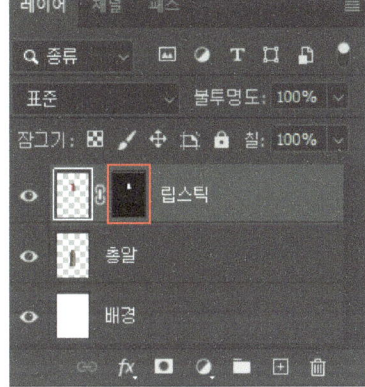

인물 누끼의 경우 브러시 경도 설정 값 68 ~ 72 불투명도 100%

레이어 마스크의 경우 흰색(레이어 이미지가 보임)과 검정색(레이어 이미지가 안보임)

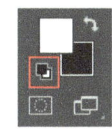

마스킹 작업전 전경색과 배경색은 기본 전경색과 배경색(검정과 흰색)을 클릭 후 작업

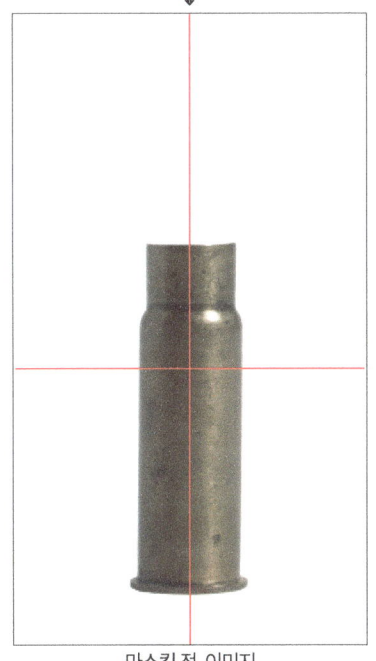

마스킹 전 이미지

마스킹 후 완성 이미지

08.

총알 레이어와 립스틱 레이어의 합성이 완성되었습니다. 이제는 그림자를 만들어 보겠습니다. 그림자는 총 쉐도우 그림자와 반사 그림자 두가지 유형으로 만들어 보겠습니다. 물론 한 가지 방법으로 충분히 표현 가능하지만 풍부한 그림자를 표현하기 위해서입니다. 실무에서도 많이 사용되고 있는 기법들이니 반복되는 연습이 필요합니다.

쉐도우 그림자 표현하기전 브러시 세팅을 해야합니다. 브러시 옵션 대화상자에서 마스킹작업에 적합한 브러시로 세팅을 해줍니다. 브러시 툴 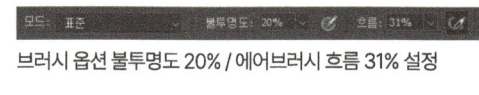 선택 후 마우스 우측버튼 클릭, 브러시 크기(270 ~ 275 픽셀 정도)설정, 경도 값(브러시 가장자리의 흐림의 정도)은 0% 값을 설정합니다. 브러시 모양은 정원이 아닌 납작한 모양(원형율 17 ~ 20%)으로 설정합니다.

블러쉬 크기 단축키는 키보드 [,] 입니다.
[(-) ,] (+)

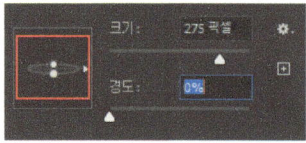

브러시 옵션 불투명도 20% / 에어브러시 흐름 31% 설정

그림자 표현의 경우 에어브러시 기능은 매우 유용합니다. 일반누끼의 경우에는 일반 브러시를 사용하고 그림자의 표현 경우 에어브러시(Alt + Shift + P)는 일반 브러시와 달리 중첩적으로 효과가 적용되므로 강약조절이 어려울 수 있는데, 이런 경우에는 흐름을 20 ~ 30% 정도 수치를 낮게 설정하는 것이 좋습니다. 브러시 세팅이 완료되면 배경레이어를 선택 후 레이어패널 하단에 ⊞ 새로운 레이어를 생성한 후 레이어 이름을 쉐도우 그림자로 변경하여 줍니다.

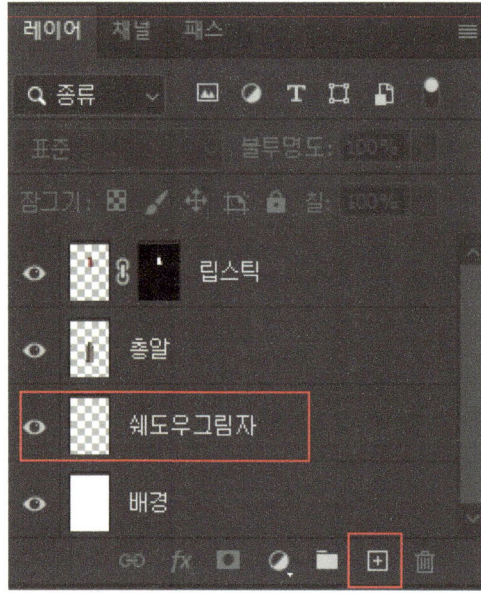

09.

쉐도우 그림자 레이어를 선택합니다. 그리고 전경색을 검정색으로 설정한 후 총알 하단부분에 그림자를 톡 톡 천천히 클릭을 여러번 하여 완성하여 줍니다. 그림자 완성 후 크기나 폭은 자유변형(Ctrl + T)으로 수정이 가능합니다. 그림과 같이 쉐도우그림자가 완성되면 다음은 반사 그림자를 만들어 보겠습니다.

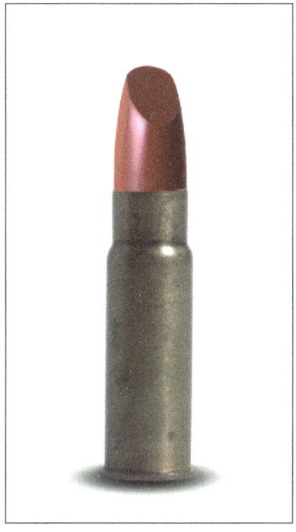

브러시 불투명도가 낮을수록 여러 번 반복적으로 클릭 하여야 원하는 그림자가 완성됩니다.

10.

반사그림자를 만들기 위해서는 먼저 립스틱 레이어와 총알 레이어만 눈아이콘을 켜주고 그림자 레이어와 배경레이어는 눈아이콘을 클릭하여 레이어가 안보이게 합니다.

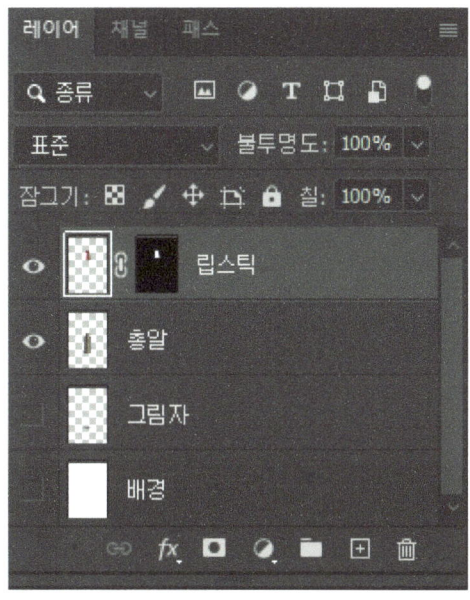

11.

립스틱 레이어를 선택하고 Ctrl 키를 누른 채 총알 레이어를 선택하면 동시에 2개의 레이어가 모두 선택되어집니다. 그 다음 포토샵 상단 메뉴에 레이어 / 보이는 레이어 병합(Ctrl + Art + Shift + E)을 클릭 하면 보이는 레이어(립스틱, 총알)만 합쳐서 새로운 레이어가 생성됩니다. 레이어 이름을 '립스틱+총알 병합' 으로 바꾸어 줍니다.

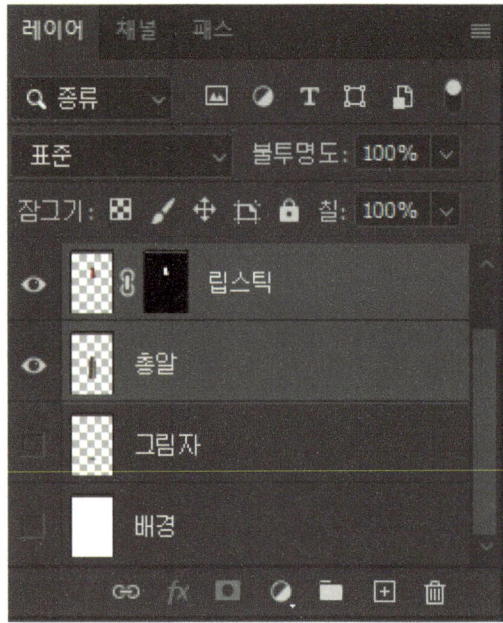
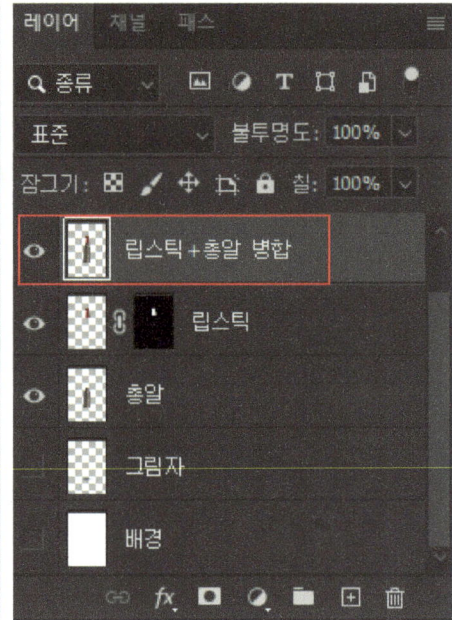

12.

립스틱 + 총알 병합레이어를 선택하여 그림자 레이어 밑으로 이동 시켜줍니다. 그 다음 그림자 레이어, 배경레이어의 눈아이콘은 모두 활성화해 줍니다. 립스틱 + 총알 병합레이어를 선택한 후 상단 메뉴바에서 편집 / 자유변형(Ctrl + T)을 클릭하면 파란색 바운딩 박스가 생성됩니다. 마우스 우측 버튼을 클릭하여 세로로 뒤집기를 선택합니다. 이미지가 세로로 반전된 상태로 수정되며 바운딩 박스는 그래로 유지됩니다. 그 상태에서 다시 한번 마우스 우측 버튼을 클릭하여 왜곡을 선택합니다. 이제 바운딩 박스의 우측 상단 꼭지점을 클릭하여, 그림 이미지 처럼 이동해 줍니다. 그 다음 좌측 상단 꼭지점을 클릭하여 이동해 줍니다. 다시 마우스 우측 버튼 클릭 후 뒤틀기를 선택하여 줍니다. 그리고 이미지 가장자리를 수평으로 되어 있는걸 부드럽고 오목하게 만들어줍니다.

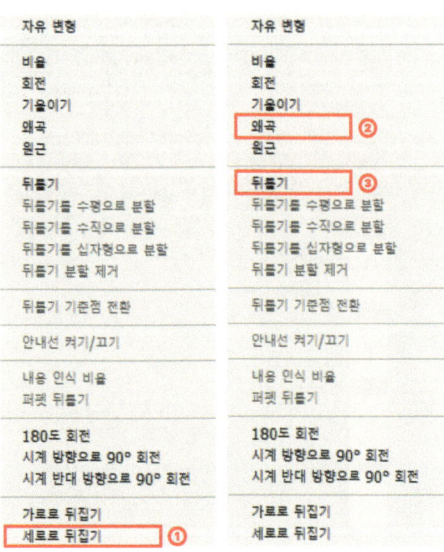

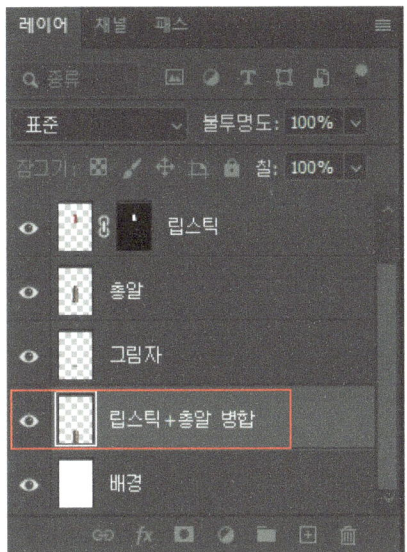

레이어를 그림자레이어 밑으로 이동

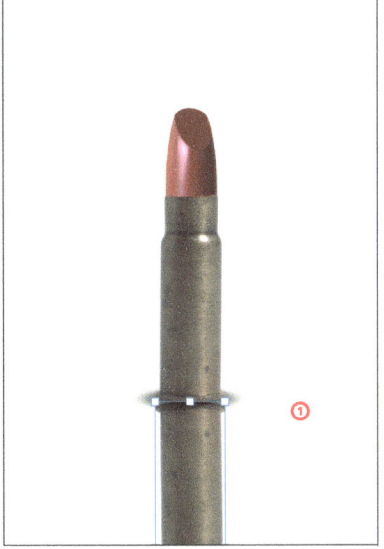

Ctrl + T 선택 후 마우스 우측클릭 세로 로뒤집기

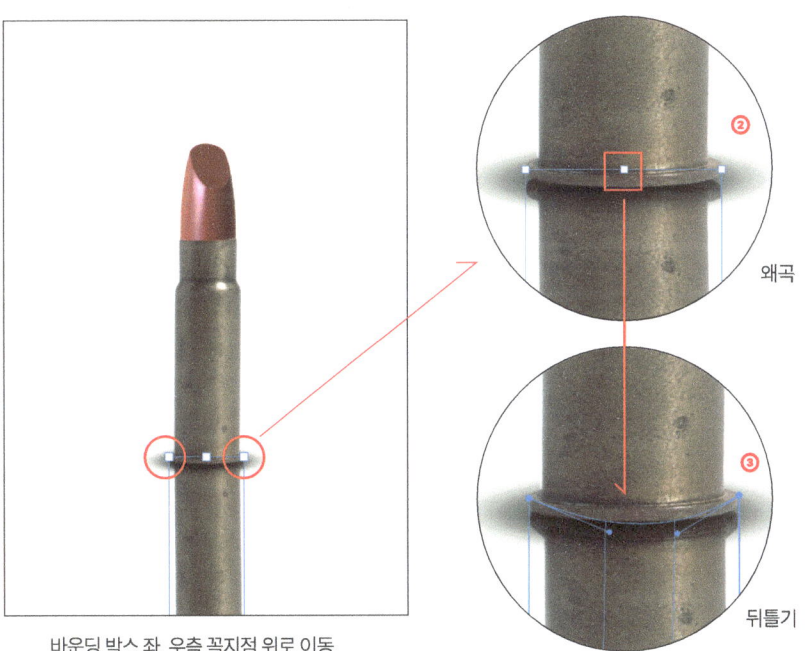

바운딩 박스 좌, 우측 꼭지점 위로 이동

왜곡

뒤틀기

최종 완성 이미지

13.

반사 그림자가 너무 선명하기 때문에 립스틱 + 총알 병합레이어를 마스킹을 적용해 그림자가 은은하게 보이도록 하겠습니다. 립스틱 + 총알 병합레이어를 선택한 후 Alt 키를 누른 상태에서 레이어 하단의 레이어 마스크를 클릭 해줍니다. 그러면 립스틱 + 총알 병합레이어에 검정색 마스크가 생성됩니다(Alt 키를 누르지 않고 레이어 마스크를 클릭하면 흰색 레이어 마스크가 생성). 립스틱 + 총알 병합레이어의 레이어 마스크(검정색)를 선택한 후 아래 그림과 같이 브러시(전경색 - 흰색)마스킹 작업을 해 줍니다.

립스틱 + 총알 병합레이어 마스킹 전   Alt +레이어 마스크를 클릭

마스킹 작업 전 먼저 브러시 옵션 대화상자에서 마스킹작업에 적합한 브러시로 세팅을 해줍니다. 브러시 툴 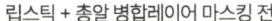 선택 후 마우스 우측버튼 클릭, 브러시 크기(500 ~ 600 픽셀 정도) 설정, 경도 값은 0%, 불투명도 20%, 브러시 전경색은 흰색으로 설정 합니다.

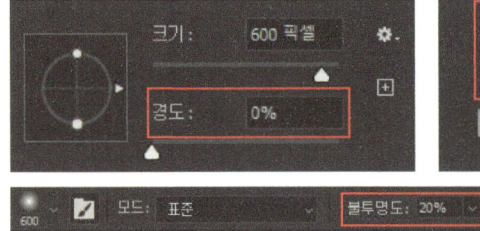 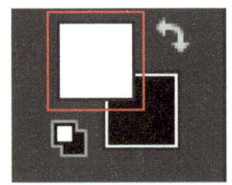

레이어 마스킹의 경우 그림자와 다르게 에어브러시는 사용하지 않습니다. 에어브러시의 흐름은 100%로 설정해줌.

14.

브러시 세팅이 모두 끝나면 이제 립스틱 + 총알 병합레이어의 반사느낌을 표현해줍니다. 먼저 립스틱 + 총알 병합레이어 레이어 마스크를 선택합니다. 그리고 전경색이 흰색으로된 브러시를 천천히 클릭하면 립스틱 + 총알 병합레이어의 이미지가 20%씩 보이기 시작합니다. 아래의 이미지처럼 완성합니다.

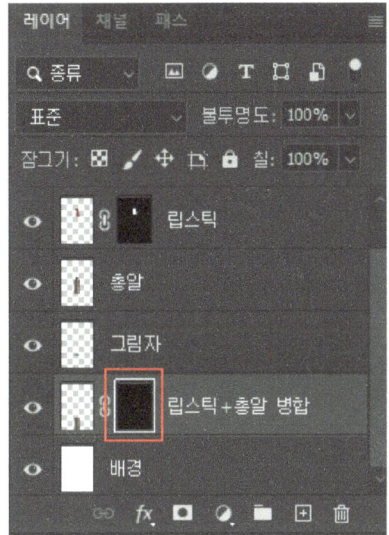 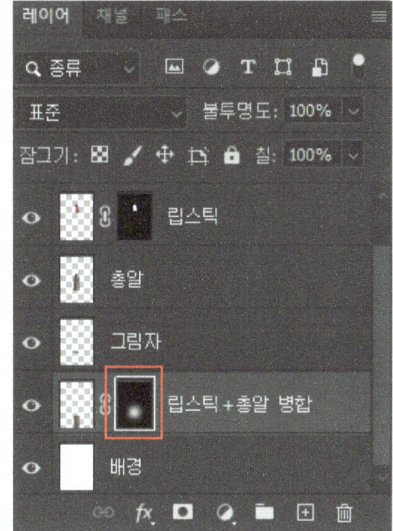

마스킹 전 　　　　　　　　　　　마스킹 후

15.

이미지의 합성은 모두 끝났습니다. 이제는 배경색을 다른색상으로 바꾸는 동시에 마스킹을 이용하여 하일라이트를 주도록 하겠습니다. 배경 레이어를 선택하고 전경색을 더블 클릭하면 색상피커 옵션창이 나옵니다. 여기서 RGB값을 그림과 같이 입력합니다. 그 다음 수정된 전경색(Alt +Delete)을 배경 레이어에 채워줍니다.

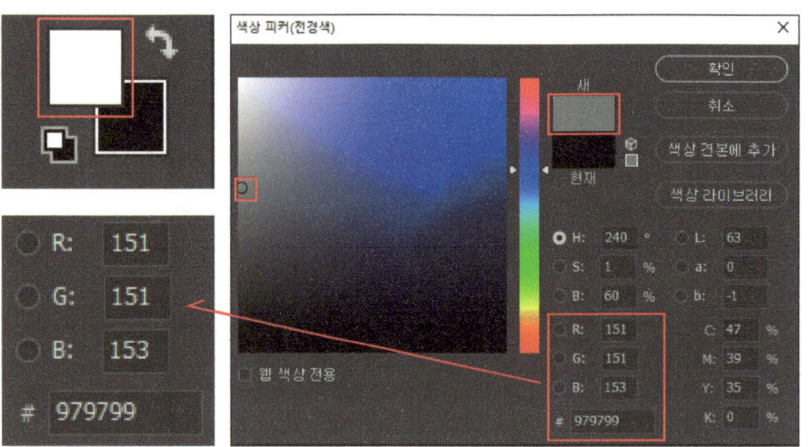

레이어 색상 채우기
단축키
-
전경색
Alt +Delete
배경색
Ctrl + Delete

투명도 유지
색상 채우기
단축키
-
전경색
Alt + Shift + Delete
배경색
Ctrl + Shift + Delete

수정된 배경 레이어를 선택한 후 배경 레이어를 복제한 후 흰색을 채워줍니다. 복제한 후 레이어 이름을 하일라이트로 수정해줍니다. 하일라이트 레이어를 마스킹을 적용해 하일라이트가 은은하게 보이도록 합니다. 하일라이트 레이어를 선택한 후 Alt 키를 누른 상태에서 레이어 하단의 레이어 마스크를 클릭 해줍니다. 그러면 하일라이트 레이어에 검정색 마스크가 생성됩니다. 하일라이트 레이어의 레이어 마스크(검정색)를 선택한 후 아래 그림과 같이 브러시(전경색 - 흰색)마스킹 작업을 해 줍니다.

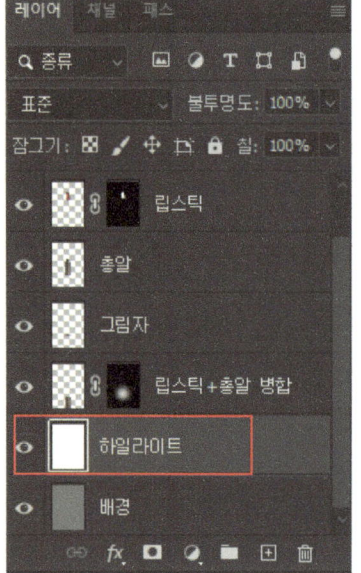 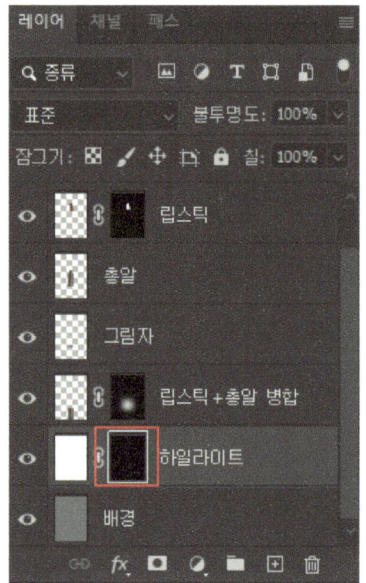

16.

마스킹 작업 전 먼저 브러시 옵션 대화상자에서 마스킹작업에 적합한 브러시로 세팅을 해줍니다. 브러시 툴 선택 후 마우스 우측버튼 클릭, 브러시 크기(1100 ~ 1200 픽셀)설정, 경도 값은 0%, 불투명도 20%, 브러시 전경색은 흰색으로 설정 합니다.

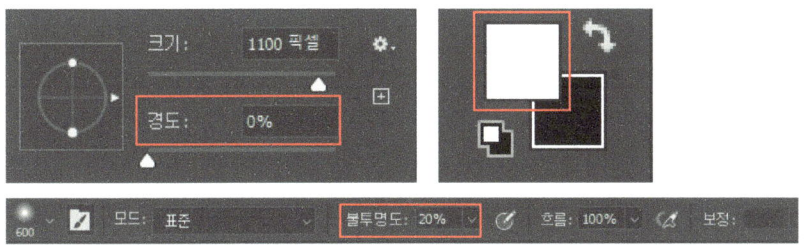

브러시 세팅이 모두 끝나면 이제 하일라이트 레이어의 하일라이트 느낌을 표현해줍니다. 먼저 하일라이트 레이어 마스크를 선택합니다. 그리고 전경색을 흰색으로 설정한 다음 브러시를 천천히 클릭하면 하일라이트 레이어의 이미지가 20%씩 보이기 시작합니다. 더욱 세밀하게 표현하고 싶으면 불투명도를 10% 더욱 낮은 수치로 설정하면 더욱 디테일하게 표현 할 수 있습니다. 아래의 이미지처럼 완성합니다.

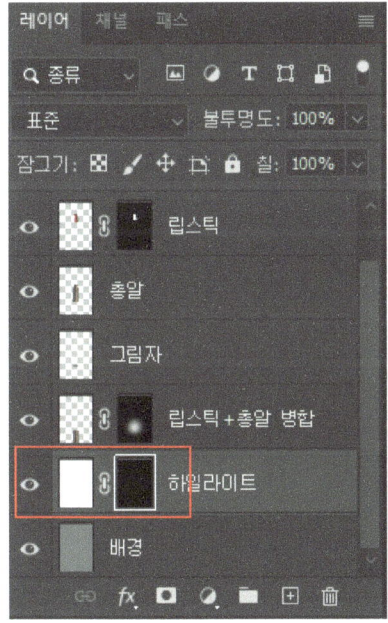

마스킹 전 레이어

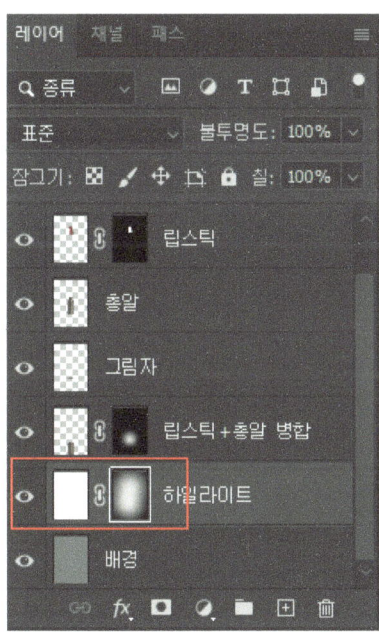

마스킹 후 레이어

하일라이트 마스킹 전 이미지　　　　　　　하일라이트 마스킹 후 이미지

17.
마지막 단계입니다. 단체 로고와 문자(바디카피)를 배치시켜 보겠습니다. 특히 인쇄광고의 경우 이미지의 합성도 중요하지만, 문자와 로고의 크기 그리고 배치(레이아웃)도 매우 중요합니다. 예제 소스 파일(① 로고 이미지.jpg)을 엽니다.

 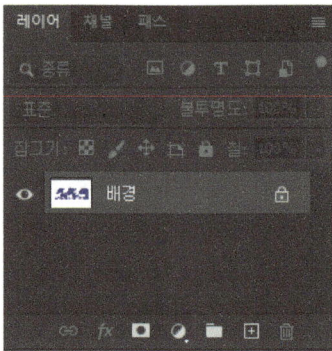 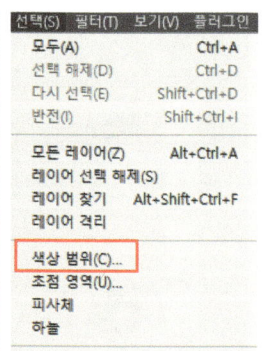

위 로고 이미지 파일을 자세히 보면 배경색이 흰색, 로고색이 보라색으로 되어있습니다. 이렇게 색상이 배경색 혹은 이미지 색상이 단일색으로 구성되어 있는 이미지의 경우에는 패스 툴을 활용하기 보다는 색상범위로 이미지를 추출하는것이 훨씬 효과적입니다. 먼저 로고이미지 레이어를 선택합니다. 그리고 포토샵 상단 메뉴에서 선택 / 색상범위를 선택합니다.

색상 범위 옵션 대화상자 에서 ①스포이드 툴을 클릭 ②이미지 파일의 배경색 흰색을 클릭 ③ 허용량은 35 ~ 45 정도 입력 후 확인을 클릭합니다. 대화상자의 이미지를 보면 스포이드 툴로 샘플링(클릭)을 한 배경색은 흰색으로 보여지고 나머지 색상은 검정색으로 보입니다.

색상 범위를 적용을 하면 이미지에서 샘플링을 한 흰색 부분이 선택되어집니다. 하지만 우리가 필요한 부분은 보라색 로고 부분이기때문에 선택영역을 반전(Ctrl + shift + I)시킵니다. 상단 메뉴바 선택 / 반전을 클릭합니다.

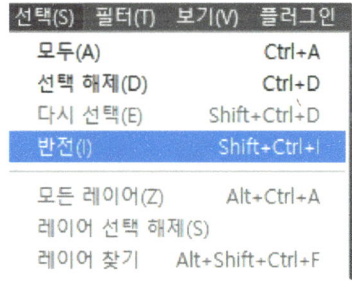

우리가 원하는 보라색 로고 부분이 선택 되었습니다. 배경 레이어 선택 후 복제(Ctrl + J)를 하면 배경 레이어 위에 복제된 새로운 레이어가 생성됩니다. 레이어명을 로고 레이어로 변경합니다. 로고 레이어를 선택 후 전체 선택(Ctrl + A)을 한 다음 복사(Ctrl + C)를 합니다.

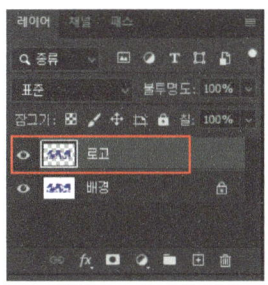

18.

복사를 한 로고 레이어를 작업 중인 파일에서 하일라이트 레이어 위에 붙여넣기(Ctrl + V)를 합니다. 로고 레이어를 선택한 후 편집 / 자유변형(Ctrl + T)을 선택하면 파란색 바운딩 박스가 생성됩니다. 그 다음 아래 이미지와 같이 크기를 줄여서 우측 하단 가이드 선에 정렬합니다.

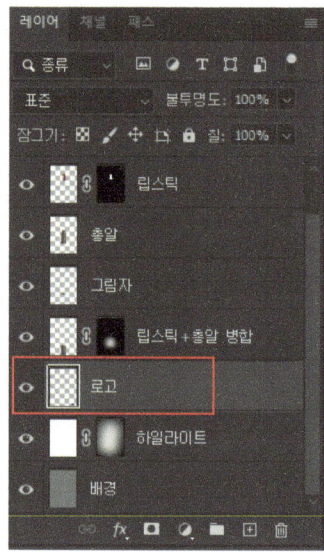

19.

로고 레이어를 선택합니다. 문자 툴 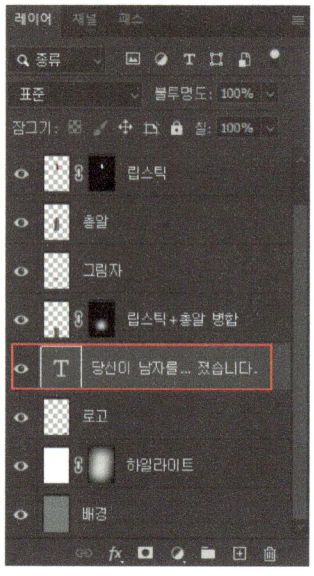 을 선택한 후 작업창에 클릭을 하면 로고 레이어 위에 문자 레이어가 생성됩니다. 바디카피 "당신이 남자를 유혹하기 위해 바르는 붉은 립스틱은 누군가의 총에 희생된 동물의 피로 만들어 졌습니다." 를 입력합니다. 인쇄광고에서 바디카피의 크기는 일반적으로 9 ~ 10 포인트 정도가 적당합니다. 그리고 자간의 간격은 -40 ~ -80 정도가 적당하며, 행간은 폰트크기의 1.6배 ~ 2배로 설정하는 것이 좋습니다. 하지만 현재 입력중인 바디카피는 한줄이기 때문에 행간은 무시하셔도 됩니다.

최종 완성 이미지

PART 03
실습예제 02.

타이포그래피 포스터

타이포그래피 포스터 - (빠른마스크 모드로 누끼 작업)
소스파일 : ① 농구선수 파일

①

01.

파일 / 새로만들기 클릭, 새로운 문서 만들기 대화상자 에서 A4 사이즈 (가로 210 mm 세로 297mm) 해상도 150 dpi 색상모드는 RGB를 지정 후 새로운 문서를 만듭니다. (단, 옵셋 인쇄의 경우 해상도 300dpi / 색상모드 CMYK)

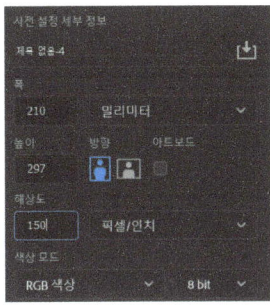

02.

작업에 앞서 먼저 새 문서에서 가이드선을 생성 해줍니다. 이유는 대지의 가장 자리에 일정한 여백과 문서의 중심을 알기 위함이며, 이렇게 설정한 가이드 선은 전체 레이아웃을 배치하는데 꼭 필요한 순서 입니다. 좌, 우, 상, 하 1cm ~ 2cm(정도의 여백을 두는 것이 일반적입니다. 특별한 경우 이외에는 노란색 부분에 이미지, 카피, 로고 등 구성요소들이 모두 포함되어야 합니다. 레이어패널의 배경레이어의 자물쇠를 클릭하여 없애줍니다. 가이드 선 생성을 위해 눈금자(Ctrl + R)를 활성화 시킵니다. 그 다음 자유변형(Ctrl + T)을 실행하면 파란색 바운딩 박스가 생성 됩니다. 바운딩 박스를 기준으로 마우스를 눈금자 위에 위치하고 클릭 후 드래그하여 가이드선을 생성해줍니다.

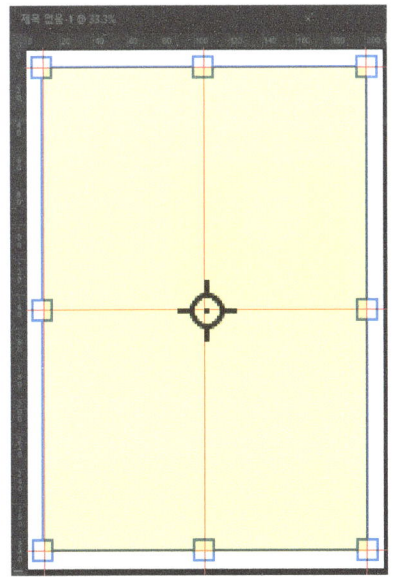

가이드 선을 생성하기 위해서는 배경레이어의 자물쇠를 클릭하여 자물쇠를 없애줌

눈금자의 현재 단위는 mm입니다. 단위의 수정은 눈금자(단위) 위에 마우스를 위치시키고 우측버튼을 클릭 하면 새로운 단위를 지정 할 수 있습니다.

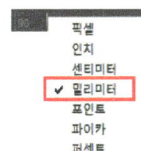

03.

예제 소스 파일(① 농구선수 이미지.jpg)을 엽니다. 빠른마스크 모드를 활용하여 인물(농구선수) 누끼작업(이미지 추출)을 해보겠습니다. 인물의 경우 펜툴보다 브러시(빠른마스크 모드)로 누끼작업을 진행하면 더욱 디테일하게 이미지를 선택할 수 있습니다.

먼저 브러시 세팅을 해줍니다. 브러시 툴  을 선택한 후 마우스 우측 버튼을 클릭하여, 브러시 크기(58~60픽셀), 경도 값(브러시 가장자리 흐림의 정도)은 68~72% 사이 값을 설정합니다.

브러시 옵션 불투명도 100% 설정

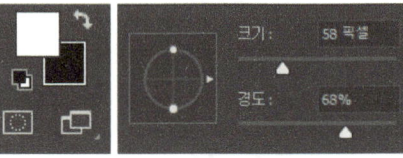

이번에는 빠른마스크 모드를 설정 해보겠습니다. 툴박스의 빠른마스크 모드 아이콘  을 더블 클릭하면 빠른마스크(빠른 마스크) 모드 옵션창이 열립니다. 색상 표시 내용을 선택 영역으로 체크, 불투명도 50%(50%를 설정해야 브러시 작업시 이미지가 보임), 색상은 작업자가 원하는 컬러로 바꿔도 무방합니다.

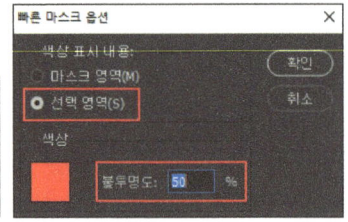

빠른마스크 모드의 단축키는 Q입니다.

농구선수 이미지 파일을 엽니다. 빠른마스크 모드 아이콘 을 클릭합니다. 그러면 배경 레이어가 빠른마스크 색상으로 바뀝니다. 브러시 툴 을 선택 후 전경색을 검정색으로 선택합니다. 이미지의 인물 부분을 브러시로 색칠하여 빨간색으로 채워줍니다. 만약 잘못 칠하거나 수정할 부분이 생기면 전경색을 하얀색으로 선택하고 색칠을 하면 빨간색이 지워집니다.

전경색(검정)　　전경색(흰색)
빨간색 채워짐　빨간색 지워짐

04.

① 이미지 처럼 전경색 검은색으로 선택 후 사람이미지에 빨간색(빠른 마스크모드)을 채워줍니다. 그 다음 빠른마스크 모드 아이콘 ◻ 을 클릭하면 아래 이미지 ②처럼 빨간색 부분이 선택영역으로 바뀝니다. 마지막으로 ③ 이미지와 같이 레이어 패널 하단의 레이어 마스크 아이콘 ◻ 을 클릭하면 배경 부분이 지워지며 레이어마스크가 생성되며 마무리 하시면 됩니다.

선택영역을 생성한 후 레이어 마스크 아이콘 ◻ 을 선택하면, 레이어 마스크가 생성되면서 배경 레이어 이름이 레이어 0 으로 변경됩니다.

05.

최종적으로 마스킹된 레이어(농구선수 이미지)를 선택한 후 Ctrl을 누른 상태에서 레이어 마스크위에 마우스를 위치시킨 후 클릭을 하면 사람 부분만 선택이 됩니다. 선택된 상태에서 복사(Ctrl +C)후 새문서 배경레이어 위에 붙여넣기(Ctrl +V)를 하여줍니다. 복제된 레이어 이름을 농구선수로 변경합니다.

Ctrl + 마스크레이어 선택

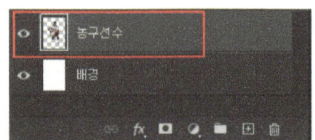

새문서 배경레이어 위에 위치

농구선수 레이어를 선택 한 후 상단 메뉴바에서 편집 / 자유변형 (Ctrl +T)을 클릭 한 후 크기를 아래 이미지와 비슷한 비율로 조정하여 줍니다.

화면의 가이드 선의 경우 보이지 않게 하고 싶을때 단축키 (Ctrl + ;)입니다.

단축키(Ctrl + ;)를 한번더 누르면 가이드 선이 다시 보입니다.

가이드선이 있는 경우 출력을 하더라도 출력에는 영향을 받지 않습니다.

06.

그림자를 생성하기 위해 농구 선수 레이어를 선택합니다. 농구선수 이미지의 왼발의 일부분을 사각형 선택툴 을 이용해 아래그림 처럼 선택한 후 복제(Ctrl +J) 하여 줍니다.

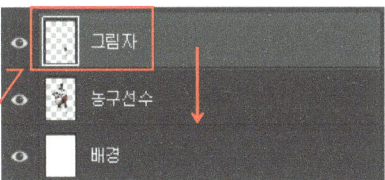

복제한 레이어를 선택 후 레이어 이름을 그림자로 변경합니다. 그리고 그림자 레이어를 농구선수 레이어 밑으로 드래그하여 이동 하여 줍니다.

그림자 레이어를 선택 후 자유변형(Ctrl +T) 을 실행주면 바운딩 박스가 생성됩니다. 마우스 우측 버튼 클릭 후 세로뒤집기 선택(이미지가 세로로 반전됨)하여 바운딩 박스를 아래쪽으로 드래그 하여 왼쪽이미지와 같이 위치 시킨 후 Enter 키(변형된 내용 적용)를 누릅니다.

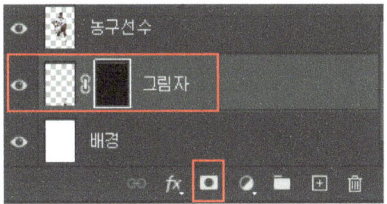

그림자 레이어를 선택 후 레이어패널 아래 레이어 마스크 아이콘을 Alt 키를 누른채 클릭을 합니다(레이어 마스크가 검정색으로 채워지며 그림자레이어 이미지가 가려짐).

07.

그림자 레이어의 마스킹 레이어를 선택합니다. 그림자 표현하기전 브러시 세팅을 해야합니다. 브러시 옵션 대화상자에서 마스킹 작업에 적합한 브러시로 세팅을 해줍니다. 브러시 툴 선택 후 마우스 우측버튼 클릭, 브러시 크기(350 ~ 400 픽셀 정도)설정, 경도 값(브러시 가장 자리의 흐림의 정도)은 0% 값을 설정 합니다. 브러시 모양은 정원 모양으로 설정합니다. 상단 브러시 옵션에서 브러시의 불투명도는 20 ~30% 사이의 값으로 설정 해줍니다.

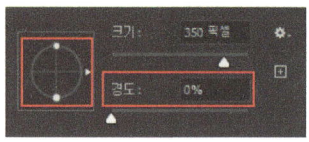

브러시 옵션 불투명도 20%

그림자 레이어의 마스킹 레이어를 선택 후 전경색은 흰색(레이어 이미지 나타남)을 선택합니다. 그리고 아래 원형이미지 처럼 천천히 그림자를 조금씩(20%) 나타나도록 클릭을 반복 합니다.

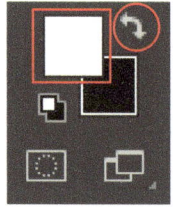

브러시 전경색(흰색)

마스킹 작업시 전경색 흰색(이미지 보임), 검정색(이미지 가려짐)의 경우 전경색과 배경색의 위치를 바꾸고 싶을때에는 단축키(X)를 누르면 위치가 변경됩니다. 예를 들어 흰색으로 이미지 를 조금씩 나타내다가 너무 진하게 표현 되었을 경우에는 전경색을 검정으로 위치를 바꿔서 클릭을 하면 진하게 표현된 이미지를 조금씩(20%) 지워 줄 수 있습니다.

08.

그림자 레이어 까지 완성하였습니다. 이제는 배경 이미지의 컬러를 변경 후, 하일라이트를 주어 베네팅 효과를 주도록 하겠습니다. 먼저 배경 레이어를 선택합니다. 전경색을 더블 클릭하면 색상피커(전경색) 옵션창이 열립니다. 여기서 RGB 컬러 값(R:93 / G:50 / B:141)을 입력합니다. 전경색이 보라색으로 변경되었습니다. 배경레이어에 전경색(보라색)채우기 (Alt + Delete)을 채워줍니다.

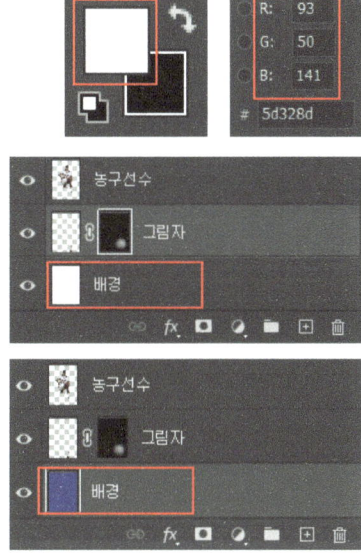

하일라이트 효과를 표현하기 위해 배경레이어를 복제(Ctrl +J)한 후 레이어 이름을 하일라이트라고 입력합니다. 하일라이트 레이어를 선택합니다. 전경색을 더블 클릭하면 색상피커(전경색) 옵션창이 열립니다. 여기서 RGB 컬러 값(R:167 / G:98 / B:218)을 입력합니다. 전경색이 밝은 보라색으로 변경되었습니다. 하일라이트 레이어에 전경색(Alt + Delete)을 채워 색상을 변경해줍니다.

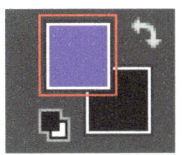
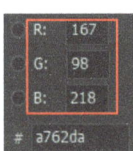
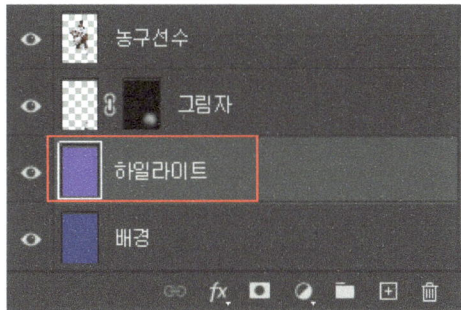

하일라이트 색상의 경우에는 일반적으로 배경색 보다는 같은계열의 밝은색으로 지정하는것이 전체적인 색감의 통일성과 조화를 이뤄 자연스러운 이미지를 생성할 수 있습니다.

09.

하이라이트 마스킹 작업 전 먼저 브러시 옵션 대화상자에서 마스킹작업에 적합한 브러시로 세팅을 해줍니다. 브러시 툴 선택 후 마우스 우측버튼 클릭, 브러시 크기(1100 ~ 1200 픽셀)설정, 경도 값은 0%, 브러시 불투명도 20%, 브러시 전경색은 흰색으로 설정 합니다.

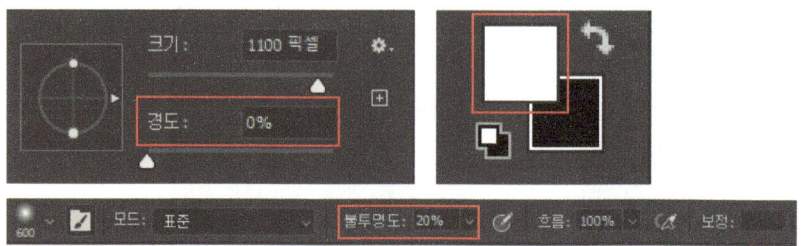

브러시 세팅을 마친 후 하이라이트 레이어를 선택한 후 Alt 키를 누른 상태에서 레이어 하단의 레이어 마스크를 클릭 해줍니다. 그러면 하이라이트 레이어에 검정색 마스크가 생성됩니다. 하이라이트 레이어의 레이어 마스크(검정색)를 선택한 후 아래 그림과 같이 브러시(전경색 - 흰색)마스킹 작업을 해 줍니다. 하이라이트 레이어의 이미지(밝은 보라색)가 20%씩 보이기 시작합니다. 더욱 세밀하게 표현하고 싶으면 불투명도를 10% 더욱 낮은 수치로 설정하면 더욱 디테일하게 표현 할 수 있습니다. 아래의 이미지처럼 완성합니다.

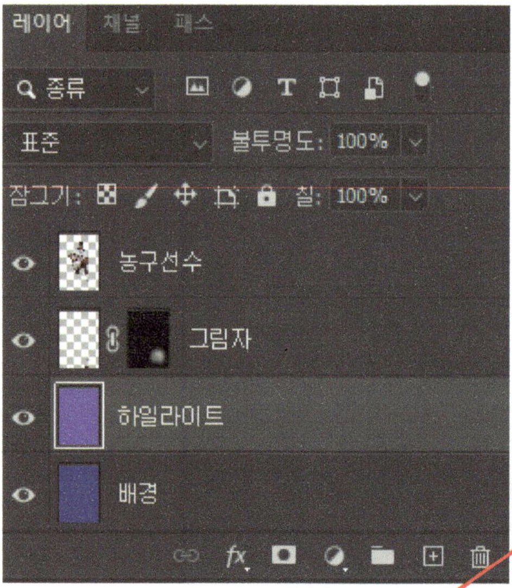

레이어 마스크 생성 전 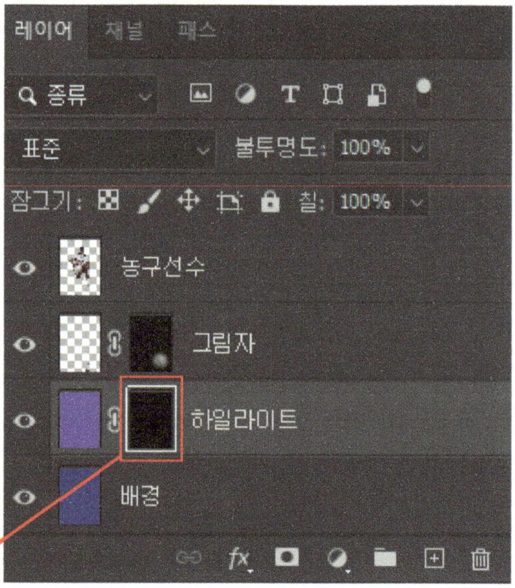   Alt키 누른 상태에서 레이어 마스크 클릭 - 레이어 마스크 생성

브러시(전경색 흰색-불투명도 20%)로 마스킹 작업 완료

10.

하일라이트 레이어 마스킹이 완성된 이미지는 아래와 같습니다.

하일라이트 레이어 마스킹 전 이미지   하일라이트 레이어 마스킹 후 이미지

사각형 도구 툴 을 선택합니다. 상단 메뉴바 옵션대화 상자에서 모양 선택, 칠 은 없음 으로 설정, 획은 26픽셀 설정, 라인(실선)을 설정, 크기는 가로 970픽셀, 세로 311픽셀로 설정합니다. 그리고 클릭 드래그 해서 획이 있는 사각형 박스를 만들어 줍니다(레이어 자동으로 생성됨). 위치는 농구선수 레이어 밑으로 위치(레이어 이름을 사각형을 변경)하고 사람이미지의 중앙 정도에 배치 시킵니다. 사각형 노란색 컬러 값은 R : 247, G : 222, B : 12 입니다.

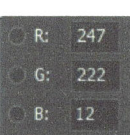

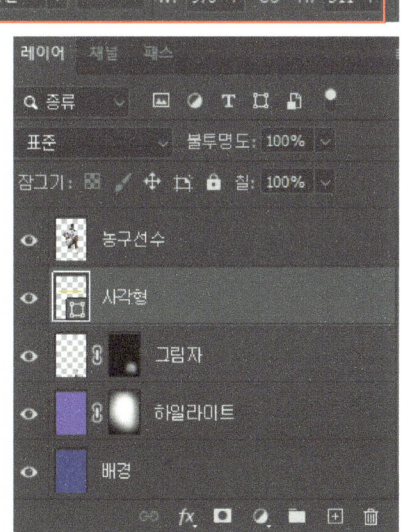

11.

농구선수 레이어를 선택합니다. 텍스트 툴 을 선택 한 후 영문 텍스트 DRIBBLE을 입력합니다. 텍스트 서체는 고딕 계열의 볼드한 서체, 크기 : 90pt, 자간 : 0pt 를 선택하면 됩니다. 영문 텍스트 노란색 컬러 값은 R : 247, G : 222, B : 12 입니다(박스 컬러값과 동일). 텍스트 레이어는 농구선수 레이어 위에 위치합니다. DRIBBLE 레이어를 선택 후 우측 버튼 클릭 후 문자 레스트화를 선택합니다. 문자 레스트화 명령은 문자 레이어를 이미지 레이어로 바꾸는 명령입니다(문자 레이어 썸네일 T가사라지고 이미지 레이어로 변함).

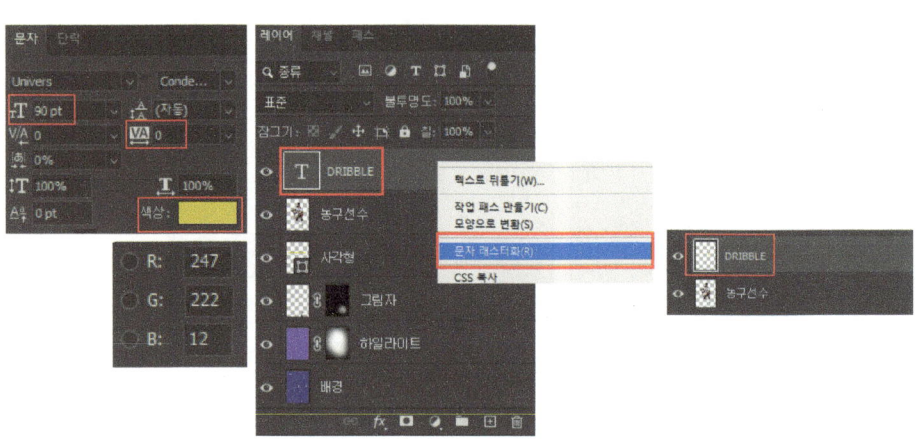

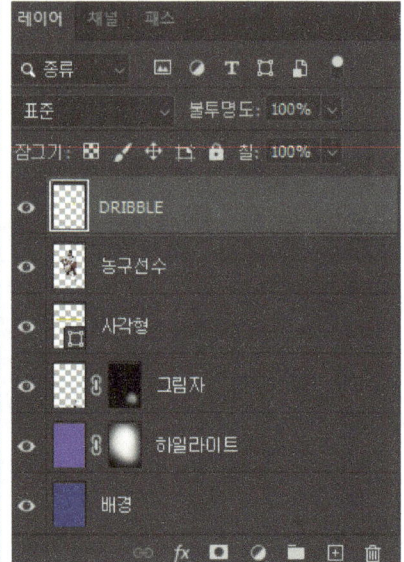

12.

DRIBBLE 레이어를 선택합니다. 여기서 영어 단어 I,B,B 자만 레이어에서 분리 하겠습니다. 사각형 선택 툴 을 선택 한 후 영문 I,B,B 를 선택합니다. 단축키 Ctrl + Shift + J (잘라내기와 붙여넣기)를 실행합니다. 결과는 영문 I,B,B 가 새로운 레이어가 생성 되면서 잘라내기와 붙여넣기가 동시에 이루어 집니다. 새로운 레이어 이름을 IBB로 변경해 줍니다. DRIBBLE 레이어에는 I, B, B가 빠진 D, R, L, E 만 남아있습니다.

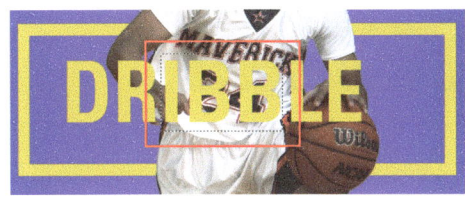

아래 그림과 같이 영문텍스트 한자씩 움직여서 배치하도록 하겠습니다. DRIBBLE 레이어를 선택한 다음 D, R, L, E를 하나씩 움직입니다. 그 다음 IBB 레이어를 선택한다음 I,B,B를 움직이면 됩니다.

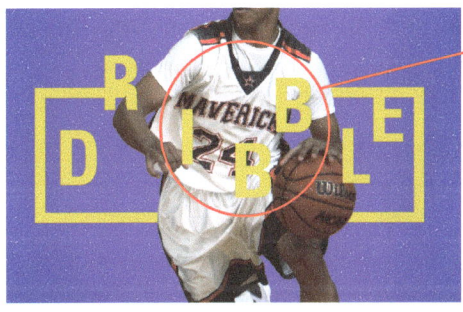

영문 텍스트를 움직이는 방법은 문자가 포함된 레이어를 선택합니다. 그리고 움직이고자 하는 글자를 사각형 선택 툴 을 선택한 후 글자를 선택합니다. Ctrl 키를 누른 상태에서 마우스를 선택영역 안으로 위치시킵니다. 그 상태에서 클릭 드래그를 하면 원하는 곳으로 이동이 가능합니다.

I,B,B 를 움직일 경우 레이어 IBB를 선택해야합니다.

D, R, L, E을 움직일 경우 레이어 DRIBBLE을 선택해야합니다.

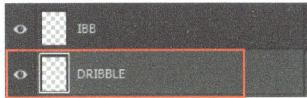

13.

영문 텍스트 레이어의 배치가 끝난 후 DRIBBLE 레이어를 선택한 다음 D, R, L, E 글자를 농구선수 레이어 밑으로 이동 시키면 D, R, L, E 글자가 농구선수 이미지 뒤로 배치됩니다.

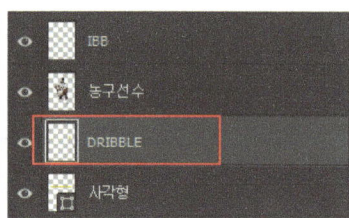

사각형 레이어를 선택합니다. 레이어 하단 레이어 마스크 아이콘 을 클릭하면 흰색 레이어 마스크가 생성됩니다. 아래 그림의 사각박스의 빨간 부분을 가려주는 마스킹을 해줍니다.

14.

사각형 레이어의 마스크레이어를 선택합니다. 사각형 선택 툴 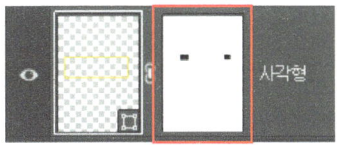 을 선택한 다음 마스킹 해 줄 부분을 드래그하여 선택한 후 검은색을 채워줍니다. 결과는 아래 이미지 처럼 사각형 라인이 지워 지면서 R, E 글자가 보입니다.

사각형 레이어 마스킹 전 이미지

사각형 레이어 마스킹 후 이미지

마지막으로 텍스트를 배치해줍니다. ①번 텍스트 FOR SEVERAL DAYS 를 사각형 밑으로 배치시킵니다. 서체는 DRIBBLE 영문서체와 같은 서체이며, 크기는 22pt, 자간은 0pt 로 설정합니다. ②번 텍스트 BASKETBALL DOUBLE DRIBBLE 2024 는 하단 가이드선 조금 위로 배치시킵니다. 문자의 크기는 11pt, 자간은 960pt로 설정합니다. 모든 영문 서체는 같은 종류의 서체를 지정하며 크기, 굵기, 자간으로 문자간의 위계를 정리하여 마무리합니다.

15.

배경에 위치한 영문 스크립터체 Basketball(서체명 : Bacalisties)을 입력 후 사각형레이어 아래로 배치 시킵니다. 문자의 색상은 흰색, 크기는 150pt, 자간은 70pt로 설정합니다. 설정 후 Basketball 레이어를 선택 후 자유변형(Ctrl + T)을 클릭하면 파란색 바운딩 박스가 생성됩니다. 마우스 우측 버튼을 클릭하여 회전을 선택합니다. 왼쪽으로 45도 회전을 한 후(Ctrl + Enter)마무리 합니다.

자유변형 회전의 경우 Shift 키를 누른 상태에서 회전을 하면 45도씩 스냅이 걸려 쉽게 회전이 가능함.

문자를 입력 후 (Ctrl + Enter) 실행 하면 입력 문자가 적용 후 스탠다드 모드로 빠져나옴.

BREAK TIME. 폰트의 종류

명조체(Serif)
성숙한, 고풍스러운, 클래식한, 부드러운, 여유로운, 여성스러운 서체

고딕체(Sans Serif)
젊은, 모던한, 캐주얼한, 권위적인, 곧은, 기계적인, 남성적인 서체

손글씨체(Script)
감성적인, 인간적인, 내추럴한, 동양적인, 아날로그적인 서체

고딕체(Sans Serif) 추천 폰트
한글 폰트
프리텐다드, Noto Sans, 본고딕, 고딕 A1, 에스코어 드림, 나눔스퀘어, 나눔스퀘어라운드, 닉스곤체 2.0, 검은고딕, 프리젠테이션, 스포카 한 산스, G마켓 산스, 여기어때 잘난체 등
영문 폰트
Helvetica, Univers, Frutiger, Myriad Pro, Avenir, Optima, Futura, Inter, Blinker, Current, Modular, Clinton, Printveica, Pure, Nagoda, Bogota 등

명조체(Serif) 추천 폰트
한글 폰트
본명조, 아리따 부리, 순바탕체, 나눔명조, KoPub 바탕체, 이롭게 바탕체, KBIZ 한마음 명조, 한겨레 결체, yoon 대한, 조선일보명조, 서울한강체, KopubWorld 바탕체, 제주명조, 부크크체, 을유1945 등
영문 폰트
Time, Bodoni, Emberly, Nalinak, Gap, Draco, Casual, Amagro, Botera, Groce, Marques, Kenfolg, Troye, Deluce, Irina 등

손글씨체(Script)
한글 폰트
공병각체, 상상토끼 꽃길, 더페이스샵 잉크립퀴드체, 포천막걸리체 등
영문 폰트
Little bird, Sattin, Hildor, Sattin, Masker Area, Billie Harley 등

PART 03
실습예제 03.

벽면 랩핑

소실점 효과, 색상 범위, 레이어 혼합(Blend If), 블렌딩모드
소스파일 : ① 벽면이미지, ② 텍스트이미지

①

②

01.

예제 소스 파일(②텍스트이미지.jpg)을 엽니다. 벽면에 텍스트이미지 랩핑(Wrapping)을 적용하기 위해 배경레이어를 선택 후 전체 선택(Ctrl + A)을 해줍니다. 배경레이어가 선택된 상태에서 복사(Ctrl + C)를 해줍니다.

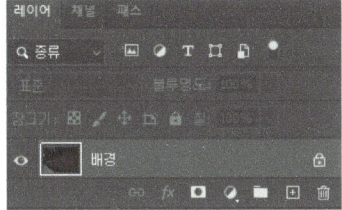

02.

예제 소스 파일(①벽면이미지.jpg)을 엽니다. 벽면의 소실점을 만들어주기 위해서 새 레이어를 만듭니다(레이어패널 하단 새레이어 생성 아이콘 을 클릭). 새 레이어 이름을 이미지랩핑 레이어로 변경 후 이미지랩핑 레이어를 선택합니다.

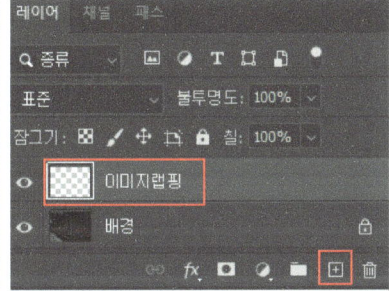

03.

이미지랩핑 레이어를 선택합니다. 상단 메뉴바의 필터 / 소실점을 선택하면 소실점 옵션 대화상자가 나옵니다. 평면만들기 툴을 선택합니다. 벽면 소실점 ①~④번 순으로 클릭하여 벽면에 평면을 만들어 줍니다.

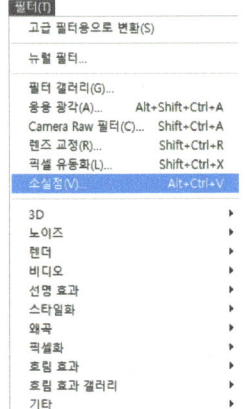
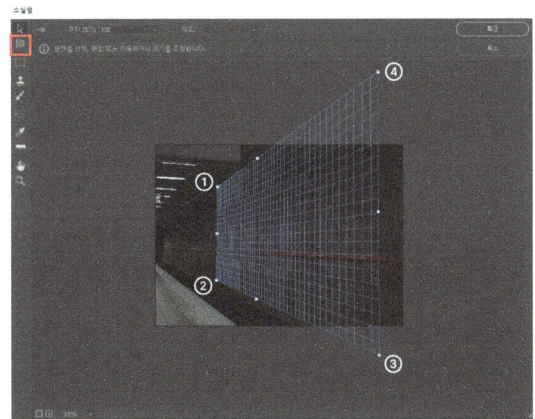

04.

벽면의 소실점을 만든 상태에서, 앞서 복사를 한 텍스트이미지를 불러오기 위해 붙여넣기(Ctrl + V)를 하면, 소실점을 만든 평면 창으로 이미지가 나타납니다. 텍스트이미지를 클릭하여 소실점 박스안(파란색)으로 드래그 해줍니다. 결과는 아래 이미지와 같이 텍스트이미지가 벽면이미지와 소실점이 동일한 이미지로 변경됩니다.

05.

텍스트이미지를 선택 후 자유변형(Ctrl + T)을 선택하면 바운딩 박스가 생성됩니다. 바운딩 박스의 점(아래그림의 동그라미안에 있는 점)을 마우스로 조정하여 벽면의 이미지와 맞게 크기를 조정하여 줍니다. 조정이 완성되면 확인을 클릭합니다.

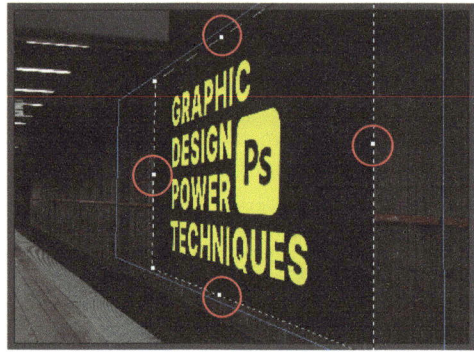 

06.

텍스트이미지가 벽면에 자연스러운 합성을 위해 이미지랩핑 레이어를 선택합니다. 이미지레이어의 블렌딩모드를 밝게하기로 적용합니다. 배경색이 어두운색(검정색)인 경우 레이어 블렌딩모드를 밝게하기를 적용하면 검정색 이미지가 아래 레이어와 블렌딩되어 투명하게 변경되는것을 알 수 있습니다.

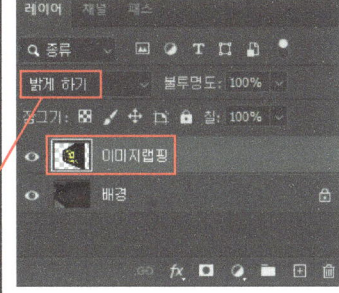

배경색이 검정색인 경우 레이어 블렌딩모드를 밝게하기, 스크린, 색상 닷지, 선형 닷지, 밝은 색상의 경우 검정색이 투명하게 됩니다

07.
이미지랩핑 레이어를 벽면의 질감과 자연스럽게 합성을 위해 혼합효과를 이용합니다. 먼저 이미지랩핑 레이어를 선택 후 레이어의 빈 공간을 더블클릭 하면 레이어스타일 대화상자가 열립니다. 대화상자의 혼합조건 옵션을 아래 그림과 같이 변경합니다.

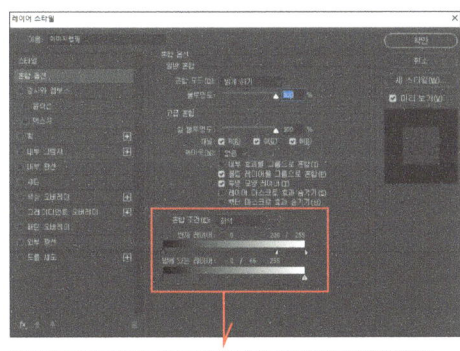
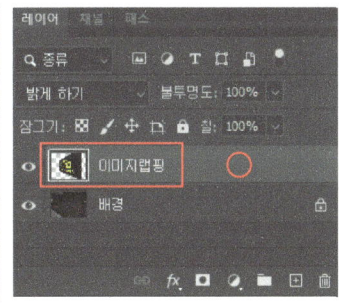
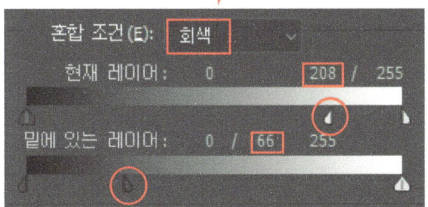

혼합 조건의 현재 레이어의 밝기 군간을 넓히는 방법은 Art키를 누른 상태에서 맞물린 삼각형 🔺 을 클릭하여 분리(드래그)하면 됩니다. 밑에 있는 레이어의 어두운 구간을 넓히는 방법 또한 Art키를 누른 상태에서 동일한 방법으로 분리(드래그)하여 넓혀 주면 됩니다.

08.

혼합 조건의 옵션을 변경한 최종 이미지는 텍스트이미지와 벽면이미지의 합성이 자연스럽게 된 것을 알 수 있습니다. 최종적으로 이미지랩핑 레이어의 투명도를 조절해서 원하는 이미지가 되면 작업을 마무리합니다.

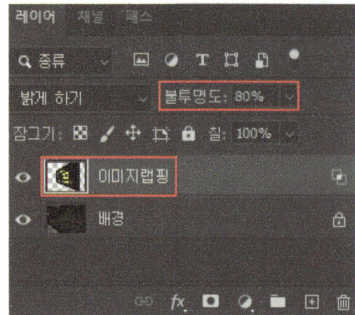

BREAK TIME. 레이어 스타일의 혼합 조건(Blend If)

레이어 스타일의 혼합조건(Blend If)은 특정 명함에 따라 현재 레이어와 아래 레이어가 섞이는 블렌딩 효과를 말합니다. 이 옵션은 2개의 슬라이드로 구성되어 있습니다. 각각의 슬라이드는 0 ~ 255의 레벨(명암 단계)을 가지고 있습니다. 현재 레이어의 수치를 0, 255 상태에서 0, 208 상태(아래 그림)로 수정하면, 현재 레이어의 208 ~ 255 레벨에 해당(밝은 부분)되는 픽셀들은 사라진다는 뜻이 됩니다. 아래 레이어(반대로 밑에 있는 레이어)의 수치를 수정하면, 아래에 위치한 레이어의 명함에 따라서 현재 레이어의 픽셀들이 사라지게 됩니다. 어떤방식을 적용하더라도 사라지는 픽셀은 현재 선택된 레이어의 픽셀입니다.

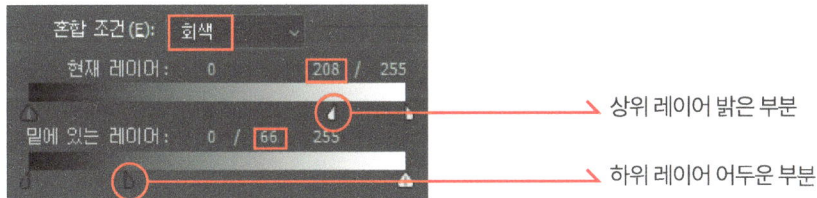

PART 03
실습예제 04.

연필스케치 효과

필터갤러리(손가락도구, 흐림효과, 페인트바르기, 레이어 마스킹)
소스파일 : ① 노인 이미지, ② 이젤 이미지, ③ 스케치

①

②

skech_Brush
③

01.

예제 소스 파일(① 노인 이미지.jpg)을 엽니다. 배경이미지(원본) 레이어를 선택한 후 레이어를 복제(Ctrl + J)해 줍니다. 레이어 명을 언샵마스크 로 변경해줍니다. 언샵마스크 레이어를 선택 후 상단 메뉴 필터 / 선명 효과 / 언샵마스크를 선택하면 언샵마스크 옵션창이 열립니다. 옵션창에서 언샵마스크 양 87%, 반경 22 픽셀, 한계값 0 레벨을 입력합니다. 결과는 이미지가 더욱 선명해진 걸 볼 수 있습니다.

언샵마스크의 필터의 경우 옵션창의 양 수치와 반경 수치가 너무 높으면 이미지가 너무 왜곡 되기때문에 이미지를 샘플을 보면서 적절하게 조절 하는 것이 좋습니다. 일반적으로 언샤픈 양을 먼저 수치를 주고 그 다음 픽셀 반경값은 수치를 조금씩 올리면서 샘플이미지와 비교하는 것이 효과적입니다.

02.

언샵마스크 레이어를 복제(Ctrl +J) 한 후 레이어 명을 손가락도구로 변경해줍니다. 손가락도구 레이어를 선택 한 후 툴박스에서 손가락도구 툴을 선택합니다. 상단 손가락 툴 옵션 창에서 강도를 20% 설정합니다. 브러시 모양은 크기 40픽셀, 경도 0% 로 설정합니다.

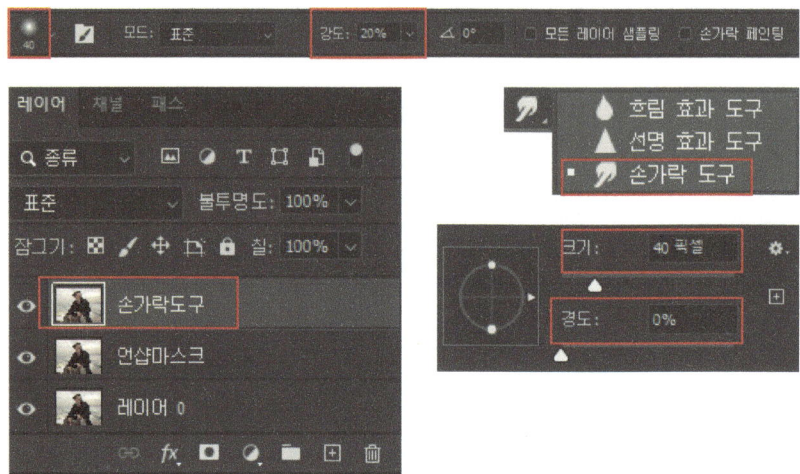

손가락 도구의 모든 세팅이 끝나면 손가락도구 레이어를 선택 하고 이미지를 손가락툴로 마우스로 드래그 해줍니다. 문지르는 방향은 아래의 그림 처럼 이미지의 결데로 문질러 주면 됩니다. 강도가 20% 이기 때문에 천천히 2~3번 정도 반복적으로 마우스를 드래그 해줍니다.

03.

결데로 손가락 도구를 이용해 브러시의 크기를 조정하면서 이미지 전체를 마우스로 드래그 줍니다. 아래 그림 처럼 기존의 이미지보다 너무 왜곡되지 않는선에서 드래그를 해줍니다.

언샤픈 마스크 적용 후   손가락 도구 작업 후

04.

손가락도구 작업이 모두 끝나면 손가락도구 레이어를 복제 해줍니다. 복제 후 레이어 명을 색상닷지 30%로 바꾸어 줍니다. 색상닷지 30% 레이어를 선택 후 레이어 블렌딩 모드를 색상닷지로 설정 합니다. 그리고 레이어 투명도를 30%로 설정해줍니다. 결과는 이미지가 더욱 밝아지는 것을 볼수 있습니다.

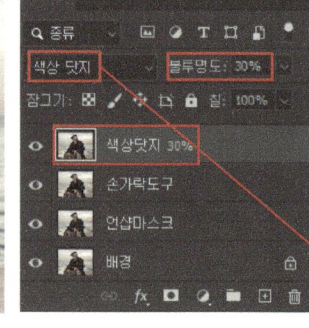
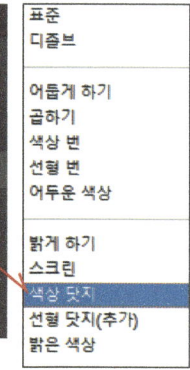

색상닷지 적용 후

05.
색상닷지 30% 레이어를 선택합니다. 그리고 손가락도구 레이어의 눈아이콘을 켜고, 언샵마스크레이어와 배경레이어 눈아이콘을 꺼줍니다. 상단 메뉴에서 선택 / 모두(Ctrl + A)를 선택한 후 병합하여 복사(Ctrl + Shift + C)를 해줍니다. 그리고 붙여넣기(Ctrl + V)를 합니다. 새롭게 하나의 이미지로 합쳐진 레이어명을 페인트 바르기로 변경하여 줍니다.

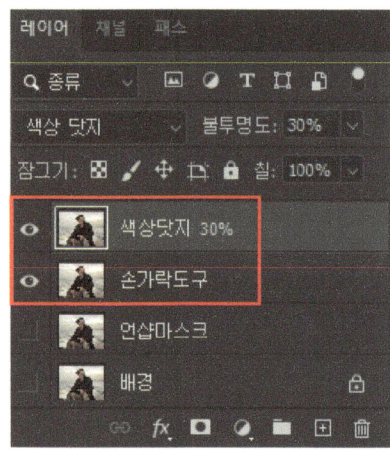

페인트바르기 레이어를 선택합니다. 상단 메뉴에서 필터 / 필터 갤러리 / 예술효과 / 페인트바르기를 선택합니다. 페인트 바르기 옵션창에서 브러시 크기 2, 선명도 8, 브러시 유형은 단순하게로 지정합니다.

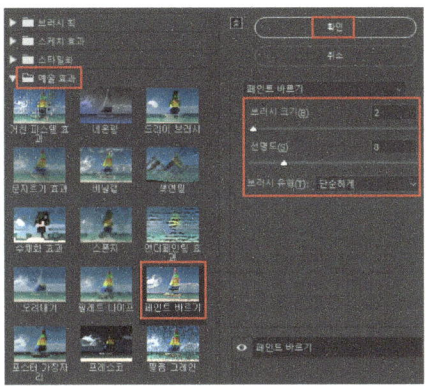 

06.

페인트바르기 레이어를 선택 한 후 레이어를 복제(Ctrl +J)합니다. 레이어 명을 흑백으로 변경합니다. 그리고 흑백레이어를 한번 더 복제(Ctrl +J)합니다. 레이어 명을 흑백반전 으로 변경합니다. 흑백반전 레이어를 선택합니다. 이미지를 반전(Ctrl +I)시켜줍니다. 그리고 레이어블렌딩 모드를 색상닷지로 변경하여 줍니다. 그 다음 상단 메뉴에서 필터 / 흐림효과 / 가우시안 흐림효과를 선택합니다. 옵션창에서 반경 10픽셀을 입력하고 확인을 누릅니다.

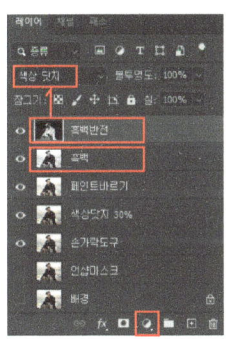 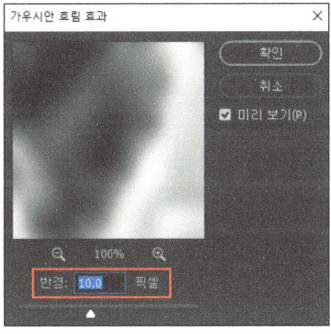

스케치 느낌의 효과는 흐림효과 의 가우시안 흐림 효과의 반경 값의 정도에 따라 다르 게 나타납니다.

07.

흑백 복사 레이어를 선택합니다. 그리고 흑백 복사 레이어와 흑백레이어만 눈아이콘을 켜고 나머지 레이어의 눈아이콘은 모두 꺼줍니다. 그 다음 상단 메뉴의 선택 / 모두(Ctrl + A)를 선택하면 이미지의 전체가 선택되어 집니다.

08.

전체 선택 후 상단 메뉴의 편집 / 병합하여 복사(Ctrl + Shift + C)합니다. 그리고 붙여넣기(Ctrl + V)를 합니다. 레이어 명을 스케치효과로 변경합니다. 그리고 스케치효과 레이어 바로 아래 새로운 레이어를 만든 후 흰색을 채워준 후 레이어 명을 흰색 배경으로 변경합니다. 스케치 효과 레이어를 선택 후 Art키를 누른 상태에서 레이어 패널 하단 레이어마스크 아이콘을 생성(검정색)해줍니다. 스케치효과 레이어에 검정색 마스크 를 생성했기 때문에 스케치이미지는 가려집니다.

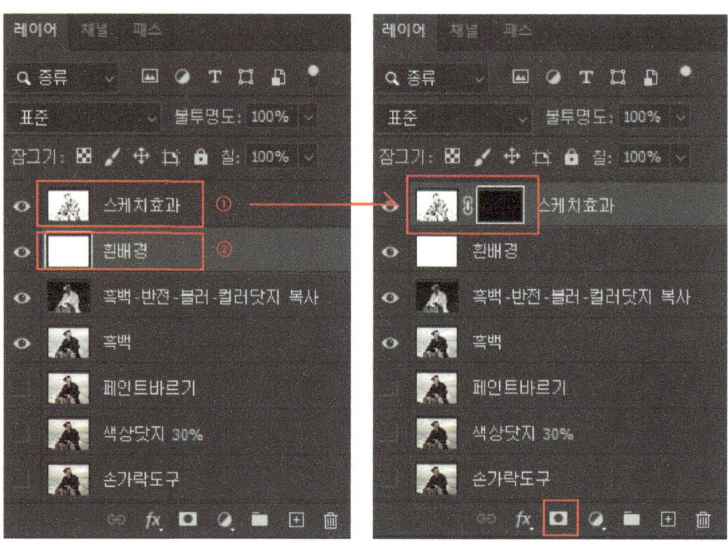

09.

스케치효과 레이어 마스킹을 하기전 새로운 브러시(skech_Brush)를 불러와서 마스킹 작업을 하겠습니다. 스케치 브러시를 불러오는 방법은 툴박스에서 브러시 툴을 선택한 후 상단 옵션 창에서 브러시 설정창(톱니바퀴)을 클릭 후 브러시 가져오기를 클릭하면 브러시가 저장된 위치에서 skech_Brush를 가져옵니다.

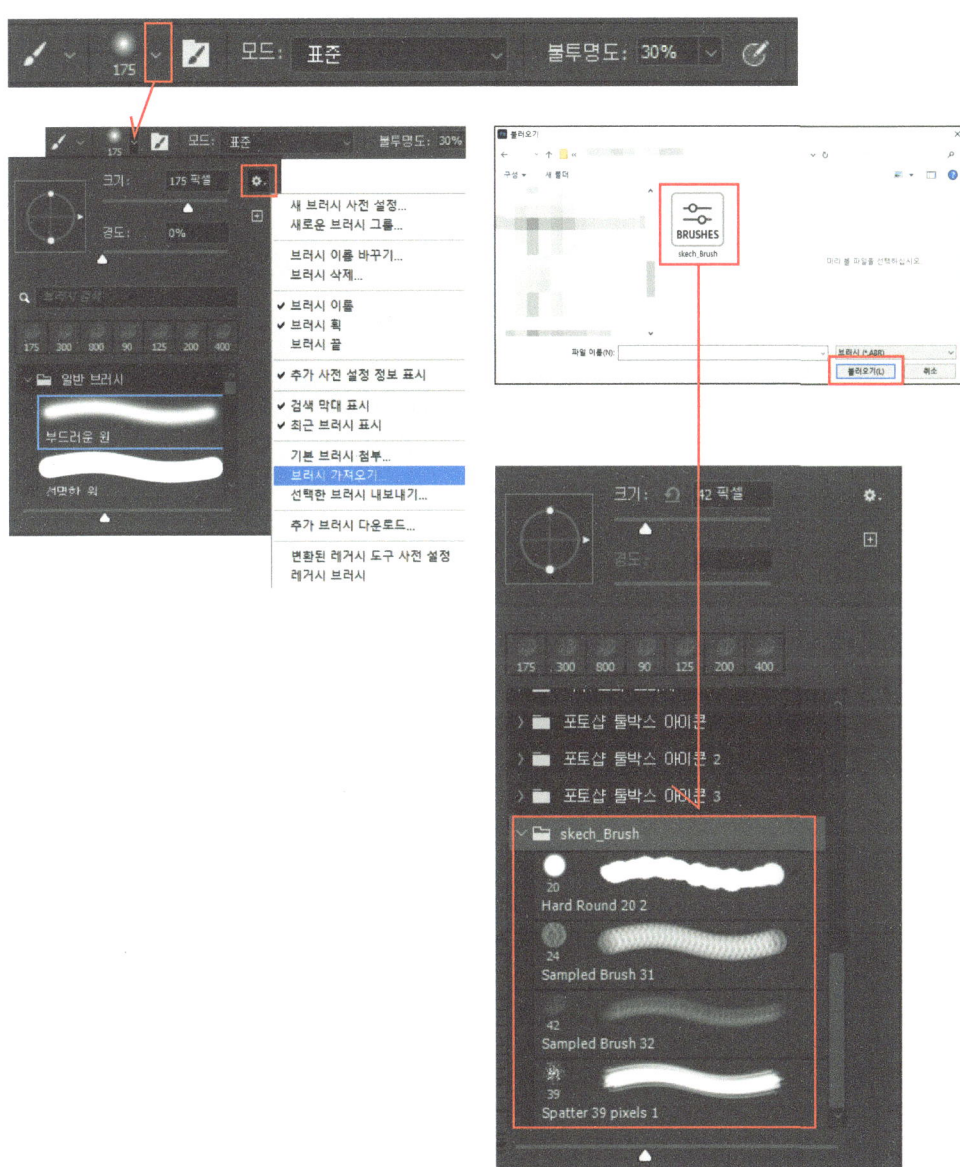

10.

스케치효과 레이어 마스킹을 위해서 새로운 브러시(Skech_Brush)를 선택하겠습니다. 박스에서 브러시 툴 을 선택한 후 상단 옵션 창에서 브러시 옵션 창을 클릭 후 Skech_Brush 의 42번 브러시를 선택 후, 스케치효과 레이어 마스크를 선택합니다.

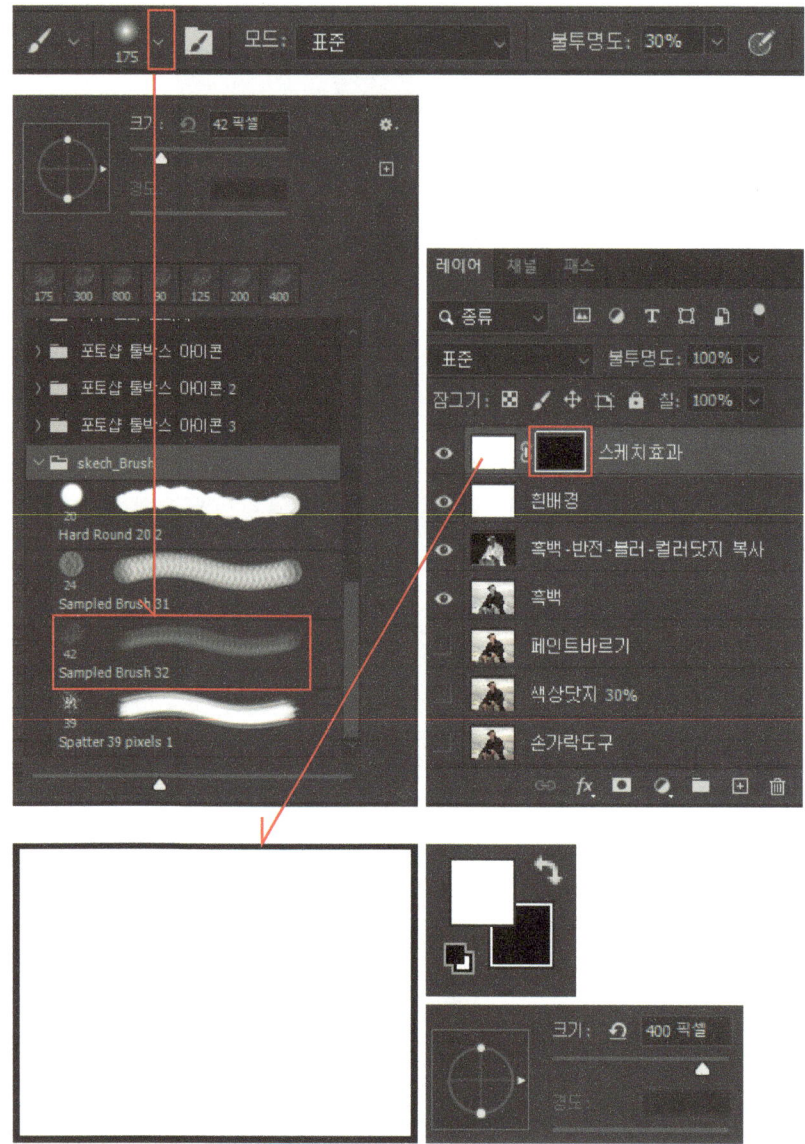

브러시의 전경색을 흰색으로 설정 한 후 브러시 크기는 400 ~ 500픽셀 사이값으로 설정한다. 경도 값은 직접 만든 브러시기 때문에 경도값은 따로 주지 않아도 됩니다.

11.
스케치효과 레이어 마스킹을 완성 합니다.

마스킹 완성후 스케치효과 이미지

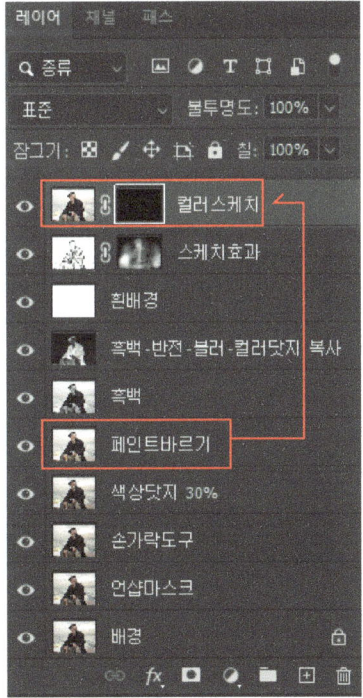

12.
컬러 스케치효과를 위해 페인트바르기 레이어를 복제(Ctrl +J)합니다. 레이어 명을 컬러스케치로 변경하여 줍니다. 변경한 컬러스케치 레이어를 스케치효과 레이어 위로 배치한 후 레이어 마스크(검정색)를 생성해줍니다. 검정색 레이어 마스크 생성은 Art키를 누른 상태에서 레이어 패널 하단 레이어마스크 아이콘 을 클릭(검정색)해줍니다.

13.

브러시 세팅은 Skech_Brush 42번 브러시로 마스킹을 해주면 됩니다.

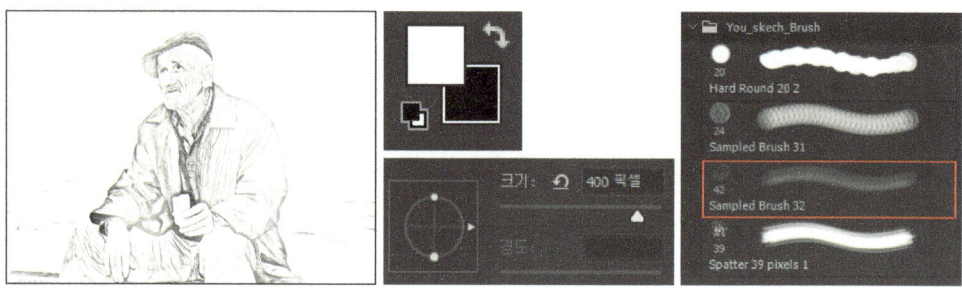

컬러스케치 레이어 마스킹을 완성 합니다. 완성 후 노인 스케치 이미지.jpg를 저장합니다.

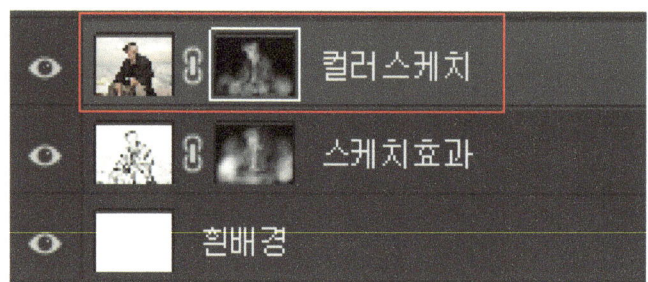

마스킹 완성후 컬러스케치효과 이미지(노인 스케치 이미지.jpg)

14.

예제 소스 파일(② 이젤 이미지.jpg)을 엽니다. 그리고 앞서 완성된 노인 스케치 이미지.jpg 도 함께 엽니다.

노인 스케치 이미지.jpg 레이어를 선택 후 전체선택(Ctrl + A)을 합니다. 그리고 복사(Ctrl + C)후, 이젤 이미지 위에 붙여넣기(Ctrl + V)를 합니다. 노인스케치 레이어를 선택한 후 자유변형(Ctrl + T)을 실행합니다. 실행 후 바운딩 박스를 아래 그림과 같이 이젤의 각도와 맞게 배치합니다(Ctrl키를 누른 상테에서 원형안에 있는 바운딩 박스 점을 선택하여 움직이면 됩니다). 수정이 완료되면 노인 스케치 레이어를 선택하여 레이어 마스크(검정색)을 생성해줍니다.

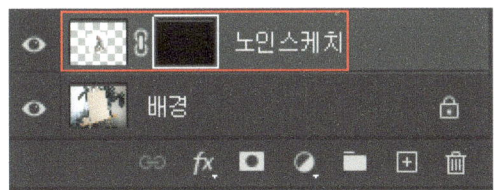

15.
Skech_Brush 42번 브러시를 선택 후, 노인스케치 마스킹을 완성합니다.

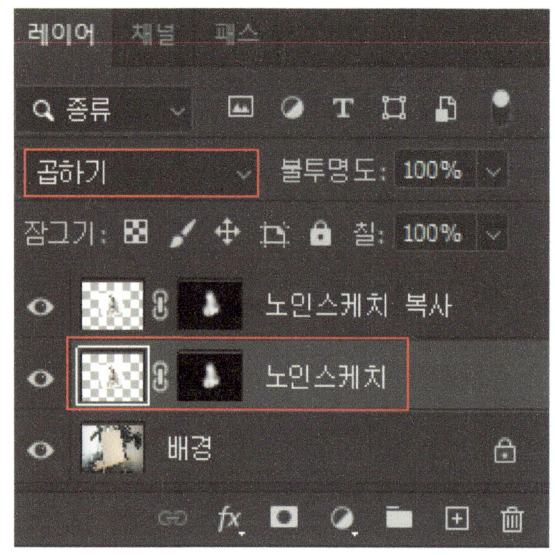

마스킹 완성후 이미지

완성된 노인스케치 레이어의 블렌딩모드는 곱하기로 설정합니다. 그리고 노인스케치 레이어를 복제(Ctrl + J)후 레이어 불투명도를 조절(30%)하여 완성합니다.

BREAK TIME. 다양한 브러시 활용 방법

포토샵의 브러시는 단순히 그린다는 개념보다는 다양한 브러시를 활용하여 작업이 가능한 2가지 사례를 보여드립니다.

1. 패스기능을 이용한 브러시 활용 사례

브러시 옵션 - 크기 : 60픽셀, 각도 : 0도, 원형율 : 100%, 경도 : 100%, 간격 : 145%, 투명도 100%

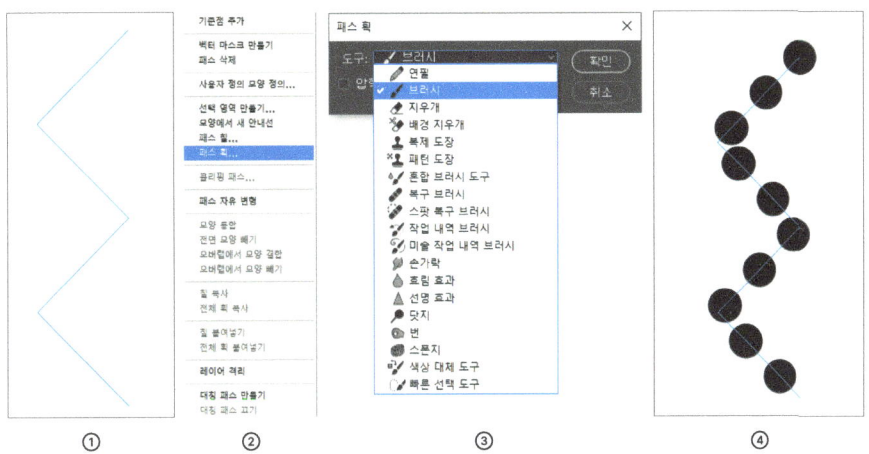

① 패스툴 을 이용해 패스를 그립니다.
② 선택툴 을 이용해 패스를 선택 후, 우측버튼을 클릭하여 패스 획을 선택합니다.
③ 패스 획 옵션상자에서 도구에서 브러시를 선택 한후 확인을 클릭 합니다.
④ 패스를 따라 브러시가 적용된것을 볼 수 있습니다(완성이미지).

2. 포토샵 무료 브러시 사이트

https://www.brusheezy.com/

https://www.brushlovers.com/

https://blog.spoongraphics.co.uk/

https://myphotoshopbrushes.com/

PART 03
실습예제 05.

머리카락 추출(누끼 따기)

빠른 마스크모드, 개체도구 피사체 선택, 선택 및 마스크 기능
소스파일 : ① 여성이미지

①

01.

예제 소스 파일(①여성이미지.jpg)을 엽니다. 머리카락을 추출하기 전 빠른마스크모드를 활용하여 인물(여성이미지)누끼작업을 해보겠습니다. 인물의 경우 펜툴보다 브러시(빠른마스크 모드)로 누끼작업을 진행하면 더욱 디테일하고 자연스럽게 이미지를 선택할 수 있습니다. 여성이미지의 몸통 부분의 가장자리를 보면 흐리게되어 있기때문에 브러시 세팅의 경도값을 흐리게 설정해줍니다. 브러시 툴  을 선택한 후 마우스 우측 버튼을 클릭하여, 브러시 크기(55 ~ 60픽셀), 경도 값(브러시 가장자리 흐림의 정도)은 40 ~ 50% 사이 값을 설정합니다.

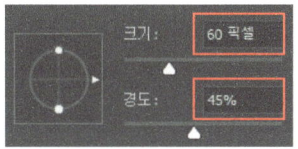

브러시 옵션 불투명도 100% 설정

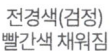

브러시 설정이 끝나면 빠른마스크 모드 아이콘  을 클릭합니다. 그러면 배경 레이어가 퀵마스크 색상으로 바뀝니다. 전경색을 검정색으로 선택합니다. 아래 이미지처럼 이미지의 얼굴과 몸통 부분을 브러시(검정색)로 색칠하여 빨간색으로 채워줍니다. 만약 잘못 칠하거나 수정 할 부분이 생기면 전경색을 흰색으로 선택하고 색칠을 하면 빨간색이 지워집니다.

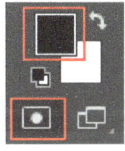 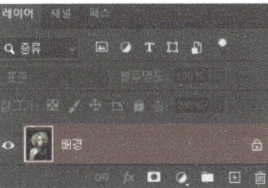  

전경색(검정)   전경색(흰색)
빨간색 채워짐   빨간색 지워짐

02.

여성이미지에 빨간색(빠른 마스크모드)을 채워준 후 빠른 마스크(빠른마스크)모드 아이콘을 클릭하면 아래 이미지 ②처럼 빨간색 부분이 선택영역으로 바뀝니다.

① 빠른마스크 모드 마스킹　　　　　　② 마스킹 후 선택

03.

배경레이어를 선택한 후 복사(Ctrl +J)하여줍니다. 복제된 레이어 이름을 여성상반신으로 변경합니다. 배경레이어 눈아이콘을 클릭하면 여성상반신만 복제 되었습니다.

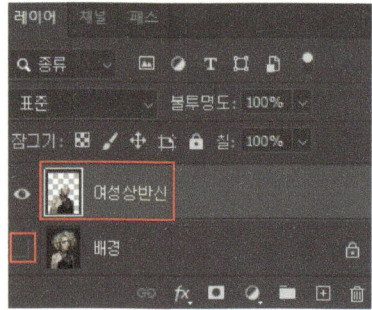

04.

배경레이어를 선택합니다. 머리카락을 추출해 보겠습니다. 툴박스에서  개체선택 도구를 선택합니다. 상단 개체선택 도구 옵션창 에서 피사체 선택 버튼을 클릭합니다. 결과는 배경이미지를 제외한 여성이미지가 선택되어 집니다.

05.

피사체가 선택된 상황에서 이번에는 개체선택 도구 옵션창 에서 선택 및 마스크 버튼을 클릭하면 선택 및 마스크 옵션창이 독립적으로 활성화 됩니다. 옵션창의 툴박스와 속성창이 보입니다.

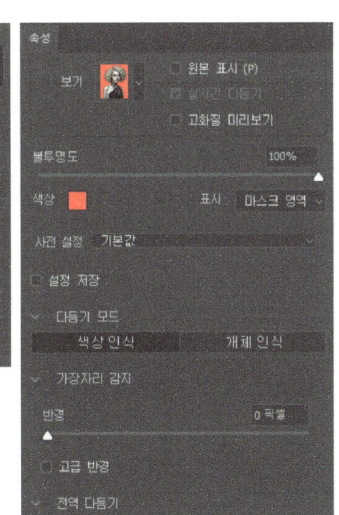

06.

선택 및 마스크 옵션창의 보기를 오버레이 모드로 선택하여주면 배경색이 빨간색으로 보여집니다. 그 다음 다듬기 모드에서 색상인식 버튼을 클릭하여 줍니다(이미지 마다 다르며 머리카락 색과 배경색의 컬러의 대비가 높은 경우 색상인식 버튼을 선택합니다). 그리고 상단의 선택 및 마스크 옵션창에서 가는선 다듬기를 클릭해줍니다. 마지막으로 옵션창 하단 출력 설정의 색상 점화를 체크해주고 확인을 클릭합니다.

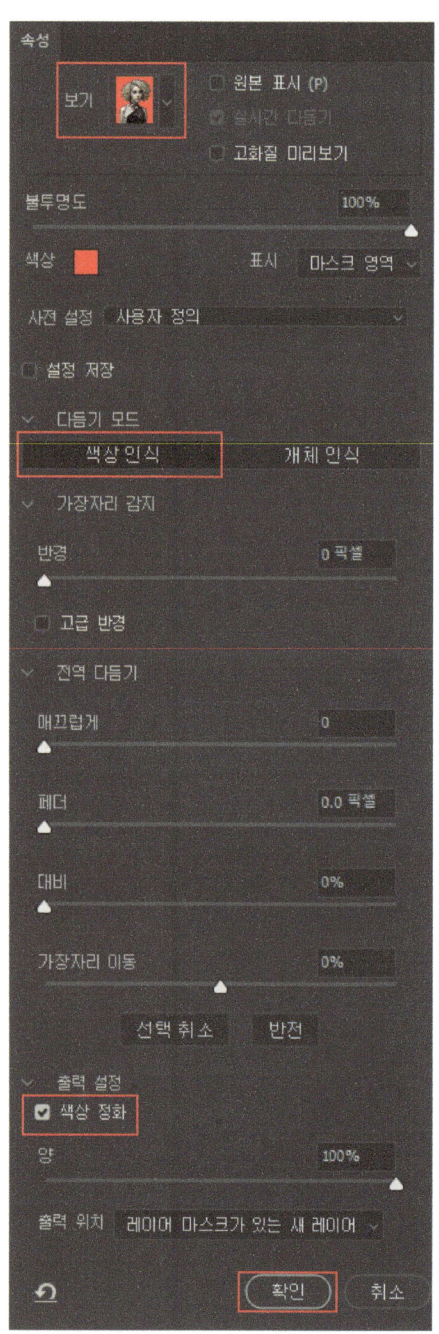

07.

확인을 누르면 머리카락과 몸통을 제외한 배경이미지가 마스킹(지워짐)되면서 새로운 레이어가 생성됩니다. 레이어 명을 머리카락누끼로 변경 해줍니다. 그리고 배경레이어 눈아이콘을 클릭하여 배경이미자가 안보이게 합니다.

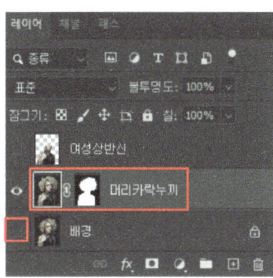

08.

배경레이어를 선택 후 새로운 레이어를 추가해서 전경색 색상(#FF00F1)을 선택하여 보라색을 채워줍니다(Alt + Delete).

09.

머리카락 누끼레이어를 선택한 후 레이어 패널 하단에 새로운 레이어 만들기 아이콘을 만듭니다.
새로운 레이어 명을 스크린으로 변경해줍니다. 스크린레이어를 선택 후 우측버튼을 클릭 후
클리핑 마스크레이어를 클릭합니다.

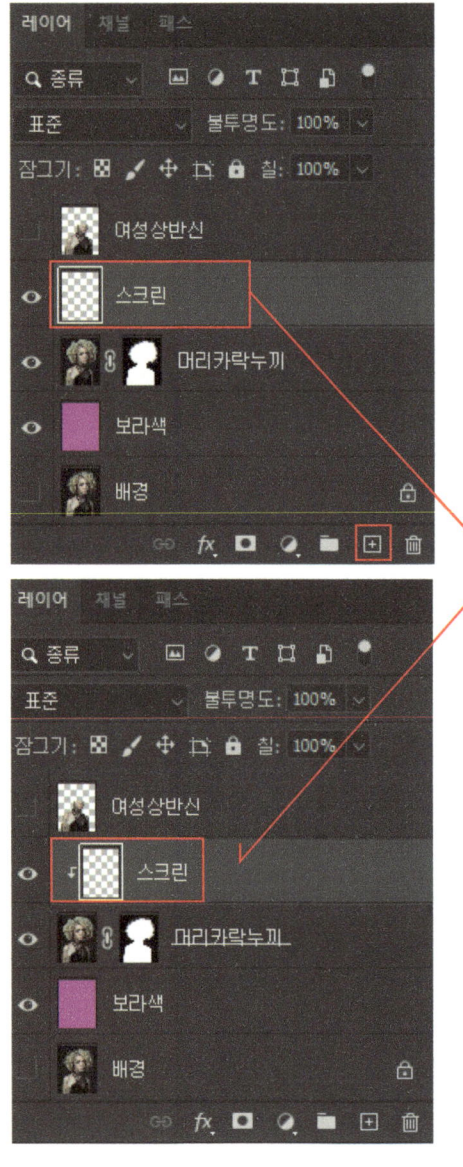
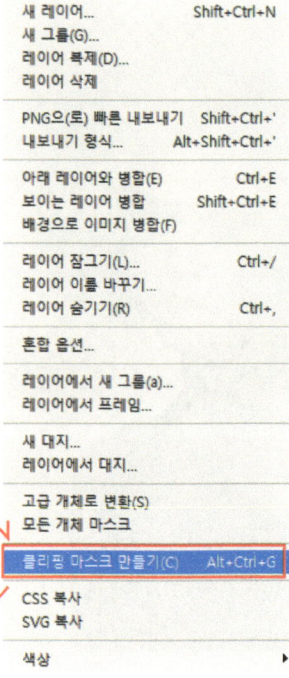

클리핑 마스크 만들기의 단축키는 Ctrl + Alt + G 입니다.
클리핑 마스크의 경우 바로 아래의 레이어에만 적용이 됩니다.

10.

툴박스에서 스포이드 도구 툴  을 선택합니다. 상단 스포이드 툴 옵션바에서 샘플크기를 3X3 으로 선택 후 이미지의 머리카락 가장자리 밝은 부분을 클릭(샘플링)합니다. 스크린레이어를 선택 후 브러시 옵션(크기 : 200 ~ 250px, 경도 : 0%)을 설정해줍니다.

샘플 크기옵션의 경우 일반적인 포인트 샘플보다 3X3 평균값이 더욱 효과적입 니다.

11.

브러시 설정을 마친 후 아래 그림의 노란색 부분(머리카락의 가장자리)을 샘플링을 한 컬러로 채워줍니다. 그 다음 스크린레이어의 블렌딩모드를 스크린으로 변경 해준후 투명도(30%~50%) 를 조절하여 머리카락의 톤을 자연스럽게 해줍니다.

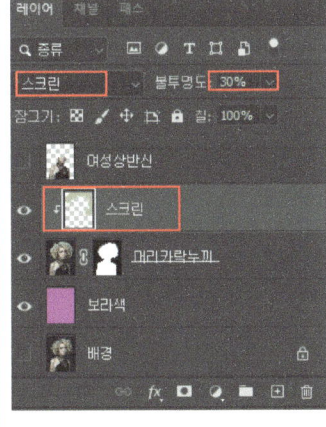

배경색상이 어두운 경우에는 샘플링 레이어의 블렌딩 모드를 곱하기로 설정하면 배경이 미지와 머리카락이 더욱 자연스러워 집니다.

12.

머리카락 누끼레이어를 선택한 후 문자도구 툴을 선택한 후 클릭하여 영문 Blonde hair를 입력합니다. 폰트 : Times New Roman, 폰트크기 : 290pt , 자간 0pt로 입력 후 Ctrl + Enter 를 실행하여 문자를 입력합니다.

13.

여성상반신레이어 눈아이콘을 켜줍니다. 툴 박스 에서 브러시 툴 을 선택합니다. 브러시의 전경색은 검정색으로 선택한 후 브러시 옵션 설정을 크기 400픽셀, 경도 0%로 설정합니다. 브러시 설정 완료 후 머리카락 누끼레이어의 마스킹레이어를 선택 후 아래 그림처럼 상반신 부분 가장자리를 지워줍니다(상단 여성상반신레이어가 보이기 때문에 가장자리가 선명하게 됩니다).

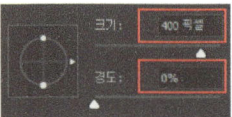

14.

마지막으로 전체 이미지의 채도와 대비를 조정하여 마무리 하여 줍니다. 여성상반신 레이어를 선택하여 줍니다. 레이어패널 하단 조정레이어 아이콘을 클릭하여 색조 / 채도(채도 : +27)를 조정합니다. 그리고 조정레이어 아이콘을 클릭하여 명도 / 대비(대비 : 32)를 조정하여 마무리 합니다.

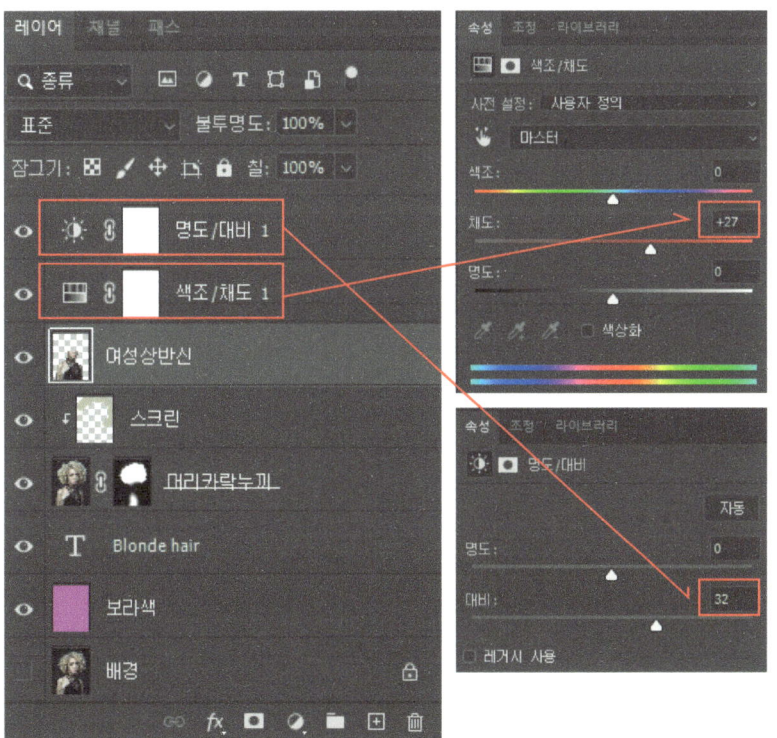

PART 03
실습예제 06.

HDR 이미지 만들기

HDR(High Dynamic Range) 이미지는 밝은 부분과 어두운 부분의 차이를 극대화시킨 이미지로, 밝기의 범위를 넓게 표현하는 기술을 말합니다.

소스파일 : ① 산속이미지

①

01.

예제 소스 파일(① 산속이미지.JPG)을 엽니다. 이미지 이름을 원본이미지로 변경합니다.

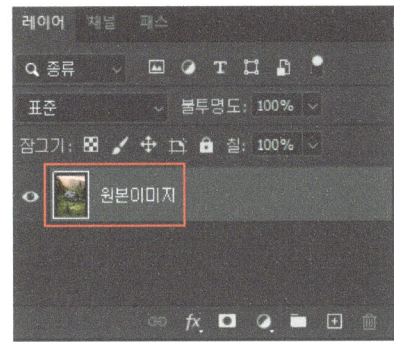

02.

원본이미지를 복제(Ctrl + J)한 후 레이어 이름을 HDR로 변경하여 줍니다. HDR레이어를 선택한 후 레이어 블렌딩 모드를 선명한 라이트로 설정해줍니다.

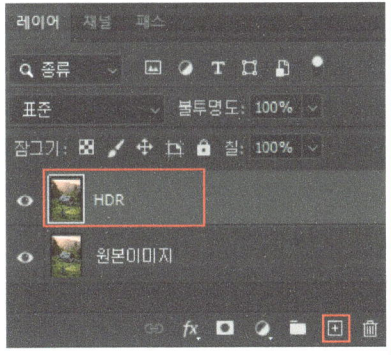

선명한 라이트 모드 적용

레이어 블렌딩 모드

블렌딩 모드의 경우 단축키는 툴박스에서 이동 툴이 선택된 상태에서 Shift + + 또는 Shift + - 키를 누르면 됩니다.
+ 키의 경우 블렌딩 모드가 아래로,
- 키의 경우 위로 한 단계씩 변경 됩니다.

03.

HDR 레이어 선택 후 레이어 하단 조정레이어에서 반전 조정레이어를 추가하고 HDR 레이어에 클리핑 마스크를 적용합니다. 반전 조정레이어를 선택한 후 Ctrl + Art + G를 누르면 클리핑 마스크가 적용됩니다.

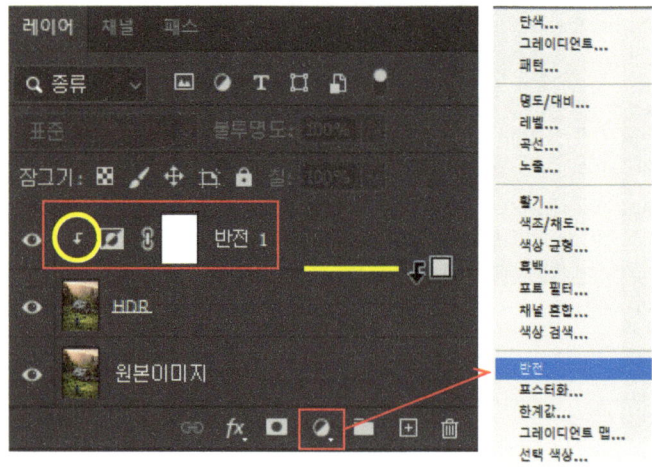

레이어 클리핑 마스크의 경우 반전조정 레이어와 HDR레이어의 경계선(노란색 라인)에 마우스를 올린 후 Alt키를 누르면 ▣ 모양으로 변합니다. 변한상태에서 클릭을 하면 반전 조정 레이어가 HDR 레이어로 클리핑 됩니다(노란샌 원형).

반전 조정레이어 클리핑 마스크 적용 이미지

선명한 라이트 블렌딩 모드와 반전 조정레이어 클리핑 마스크가 적용되면 좌측 이미지처럼 회색빛 이미지의 상태가 됩니다.

04.

HDR 레이어 선택 후 메뉴 상단의 필터 / 흐림 효과 / 표면 흐림 효과를 선택 후 옵션 대화상자에서 아래 그림과 같이 반경 65~75픽셀, 한계값 50~60레벨 사이값을 입력합니다.

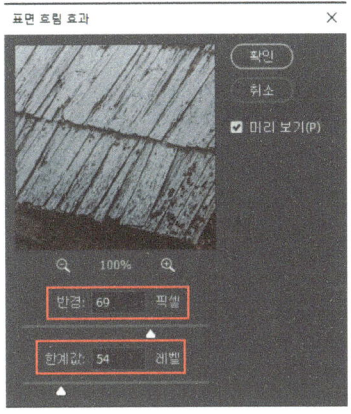
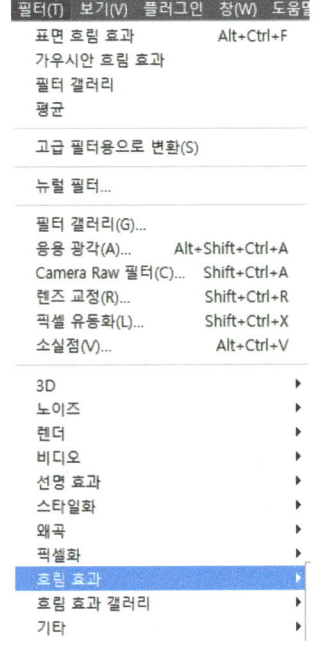

표면 흐림 효과 적용 이미지

05.

원본이미지 레이어를 복제(Ctrl + J)합니다. 원본이미지 복사 레이어를 선택한 후 상단 메뉴의 필터 / 필터 갤러리 / 왜곡 / 광선 확산을 실행하여 줍니다. 옵션 대화 상자에서 아래 그림과 같이 입자 0, 광선량 4, 투명도 19를 입력합니다(하이라이트 영역이 더 밝아짐). 원본이미지 복사 레이러 명을 광선 확산 레이어로 이름을 변경합니다.

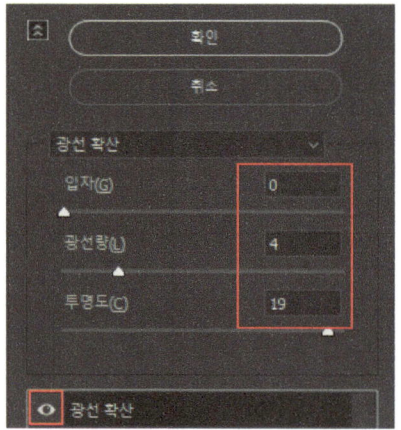
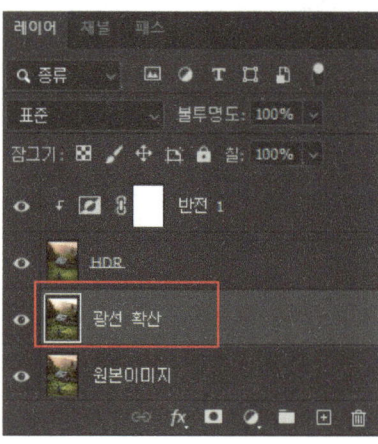

옵션 대화 상자의 광선 확산의 눈 아이콘을 클릭을 하면 적용전 이미지와 적용후 이미지를 볼 수 있습니다.

06.

반전 레이어를 클릭합니다. 그리고 Shift를 누른 상태에서 아래에 있는 광선 확산 레이어를 선택하면 반전 레이어, HDR 레이어, 광선 확산 레이어 3개의 레이어가 선택됩니다. 선택 후 레이어 하단 폴더 아이콘을 클릭하면 레이어 폴더(그룹1)가 생성되면서 폴더 안으로 레이어가 모두 들어가게 됩니다. 레이어 폴더 명을 HDR 효과로 변경하여 줍니다. HDR 효과 폴더 레이어의 레이어 블렌딩 모드를 오버레이로 설정합니다.

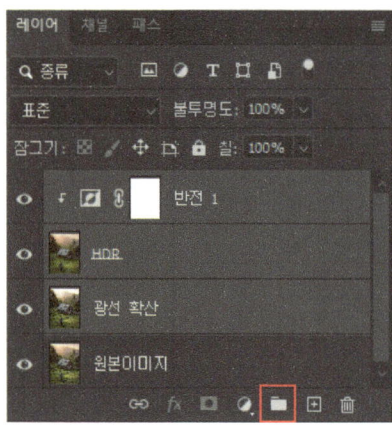
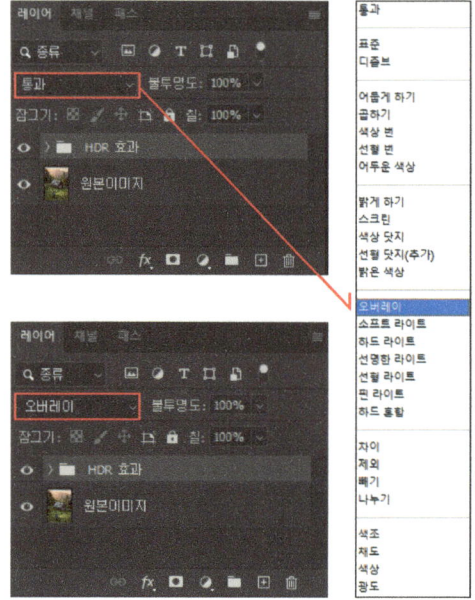

Photoshop Secret Notes

07.

HDR 효과 폴더 레이어의 블렌딩모드 오베레이로 적용하면 색감이 풍부한 HDR 이미지로 바뀐걸 알 수 있습니다. 마지막으로 추가 토닝레이어를 만들어 이미지 톤을 조정해 보겠습니다. 원본 이미지레이어를 복제한 후 레이어를 제일 위로 배치시킵니다.

08.

원본 이미지레이어를 선택 후 상단 메뉴에서 필터 / 흐림 효과 / 가우시안 흐림효과를 선택합니다. 옵션 대화 상자에서 반경 값을 30픽셀을 입력합니다.

09.

원본 이미지복사 레이어를 선택 후 레이어패널 하단 조정 레이어 아이콘 을 클릭 후 흑백 조정레이어를 클릭 합니다. 속성 대화 상자에서 하단에 있는 클리핑 마스크 아이콘 을 클릭합니다. 클리핑 마스크를 적용하면 원본 이미지복사 레이어만 흑백 이미지로 변경됩니다.

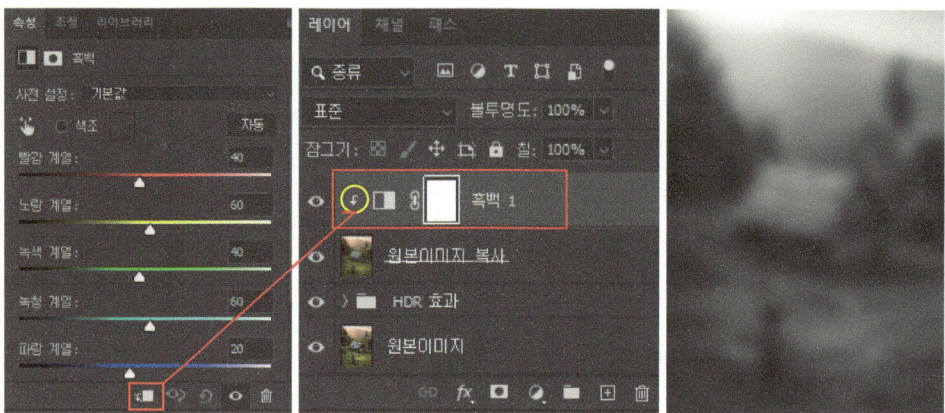

10.

이번에는 흑백 조정 레이어를 선택 후 레이어패널 하단 조정 레이어 아이콘 을 클릭 후 반전 조정 레이어를 추가 합니다. 속성 대화 상자에서 하단에 있는 클리핑 마스크 아이콘 을 클릭 합니다. 클리핑 마스크를 적용하면 원본 이미지복사 레이어만 흑백 이미지로 변경됩니다.

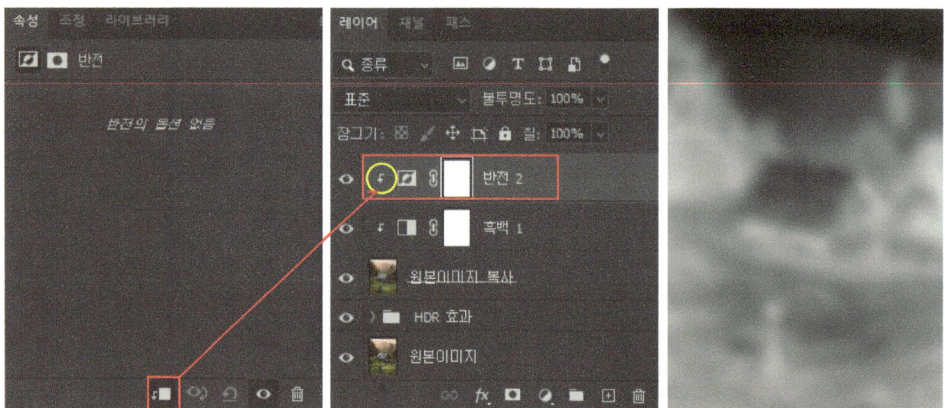

11.

반전 조정레이어를 선택 후 Shift를 누른 상태에서 아래에 있는 원본이미지 복사 레이어를 선택합니다. 그리고 레이어 하단 폴더 아이콘을 클릭하면 레이어 폴더(그룹1)가 생성되면서 폴더 안으로 레이어가 모두 들어가게 됩니다. 레이어 폴더 명을 HDR 톤으로 변경하여 줍니다(레이어 블렌딩 모드 : 오버레이 설정).

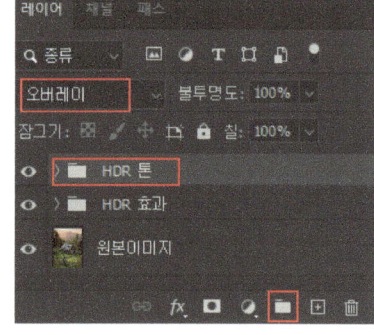

12.

HDR 조정톤(블렌딩모드 : 오버레이 모드)의 레이어 불투명도를 조정 하여 톤을 알맞게 조정합니다. 일반적으로 톤의 불투명도는 50% 이하로 하는 것이 좋습니다.

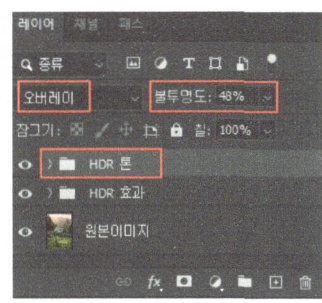

완성 이미지

PART 03
실습예제 07.

하프톤 효과

필터갤러리(망사효과, 그레인효과, 하프톤 패턴, 필름 그레인 효과)
소스파일 : ① 댄스이미지

①

01.

예제 소스 파일(① 댄스 이미지.jpg)을 엽니다. 이미지를 흑백 이미지로 만들기 위해 배경이미지를 선택한 후 레이어 하단에 위치한 조정레이어 를 클릭 한 후 색조 / 채도 조정레이어를 선택해줍니다.

 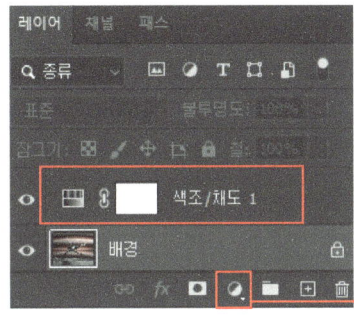 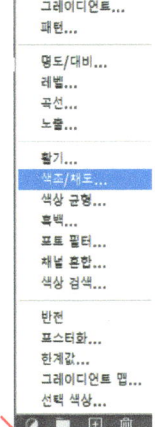

02.

색조 / 채도 조정레이어 옵션 대화상자가 열립니다. 옵션 창에서 채도의 값은 -100으로 설정해줍니다. 결과는 댄스 이미지의 컬러가 흑백으로 변경됩니다.

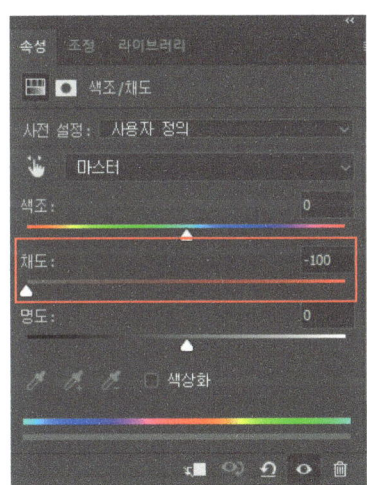 

채도가 빠진 흑백이미지를 한장의 이미지로 만들어 주기 위해 색조 / 채도 1 레이어를 선택 한 후 상단 메뉴바의 선택 / 모두(Ctrl + A)를 선택하여 줍니다.

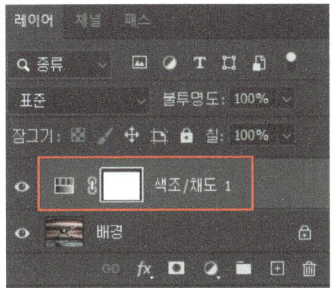

하프톤 이미지를 만들기 위해서는 원본 이미지의 상태가 좋으면 더욱 좋은 효과가 나타나기 때문에 이미지의 퀄리티가 중요합니다.

03.

이미지의 전체가 선택됩니다. 선택된 상태에서 상단 메뉴바 편집 / 병합하여 복사(Ctrl + Shift + C)를 클릭합니다. 병합하여 복사는 화면에 보이는 그대로 이미지를 복제하는 명령입니다. 색조 / 채도 1 레이어가 선택 한 가운데 붙여넣기(Ctrl + V)를 해줍니다. 그러면 색조 / 채도 1 레이어 위에 조금전 병합하여 복사한 이미지가 생성됩니다. 이미지 명을 흑백이미지로 변경해 줍니다.

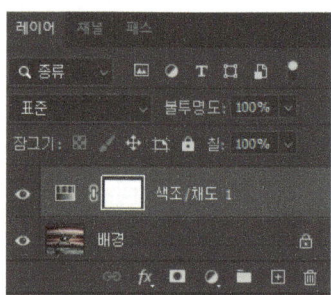

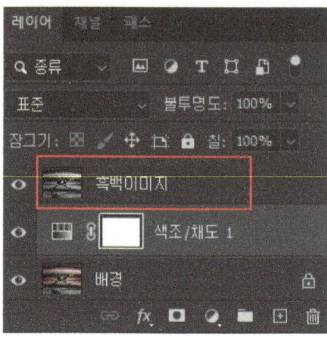

병합하여 복사의 경우는 레이어 수와 관계 없이 화면에 보이는 그대로 복제 하여 줍니다. 특히, 이미지의 조정레이어를 비롯한 필터효과가 적용된 이미지를 한장의 이미지로 병합하여 줍니다.

04.

흑백 이미지 레이어를 선택합니다. 흑백이미지 레이어 빈공간에 마우스를 올린 후 우측버튼을 클릭합니다. 그리고 고급개체로 변환을 클릭합니다. 레이어가 일반레이어에서 고급개체(스마트) 레이어로 변경 됩니다(레이어 썸네일에 고급개체 레이어 아이콘 추가됨).

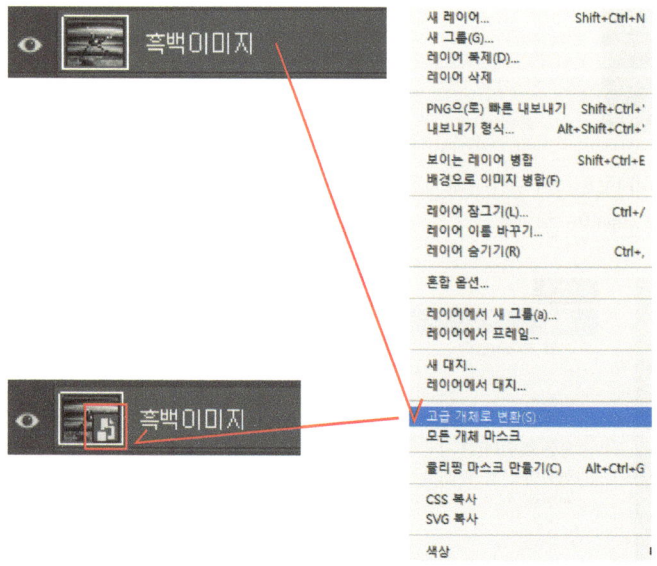

고급개체(스마트) 레이어의경우 일반레이어와 달리 레이어에 적용된 이미지 조정이나 효과를 손쉽게 수정할 수 있습니다.

05.

흑백 이미지 레이어(고급개체 레이어)를 선택한 후, 상단 메뉴바 필터 / 필터갤러리를 선택하면 필터갤러리 옵션창이 열립니다.

필터 갤러리 옵션 창에서 먼저 스케치 효과 / 망사 효과를 선택합니다. 망사 효과의 조밀도 0, 전경색 레벨 0, 배경색 레벨 36 으로 입력합니다. 모든 값을 입력 후 확인을 눌러 줍니다.

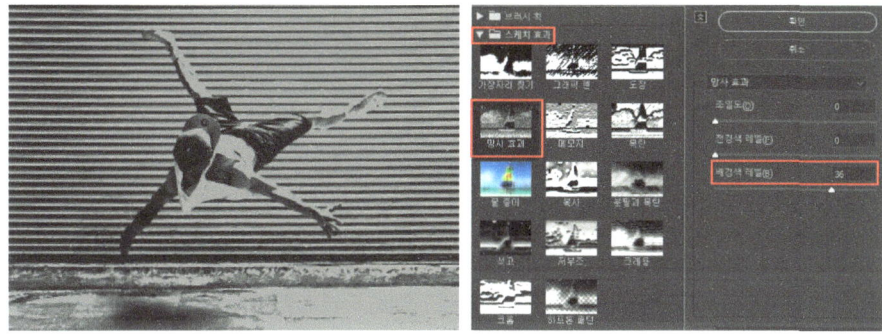

망사효과 적용 이미지

06.

흑백 이미지 레이어(고급개체 레이어)를 선택한 후, 필터 갤러리 옵션 창에서 텍스처 효과 / 그레인 효과를 선택합니다. 그레인 효과의 강도 20, 대비 34, 그레인 유형 - 보통으로 선택 후 확인을 해 줍니다.

그레인 적용 이미지

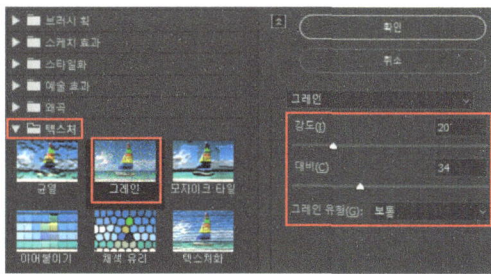

07.

흑백 이미지 레이어(고급개체 레이어)를 선택한 후, 필터 갤러리 옵션 창에서 스케치 효과 / 하프톤 패턴 효과를 선택합니다. 하프톤 패턴의 크기 2, 대비 50, 패턴 유형 - 점으로 선택 후 확인을 해 줍니다.

하프톤 패턴 적용 이미지

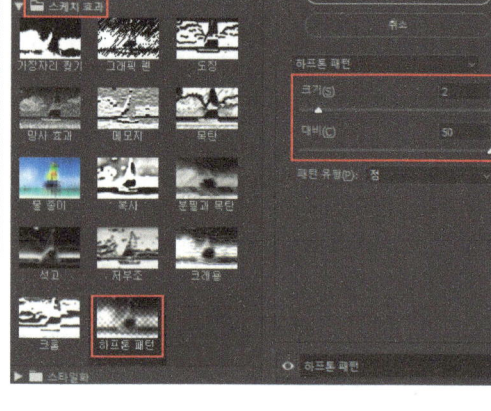

08.

흑백 이미지 레이어(고급개체 레이어)를 선택한 후, 필터 갤러리 옵션 창에서 예술 효과 / 필름 그레인 효과를 선택합니다. 필름 그레인의 그레인 10, 밝은 영역 18, 강도 2로 입력 후 확인을 해 줍니다.

필름 그레인 적용 이미지

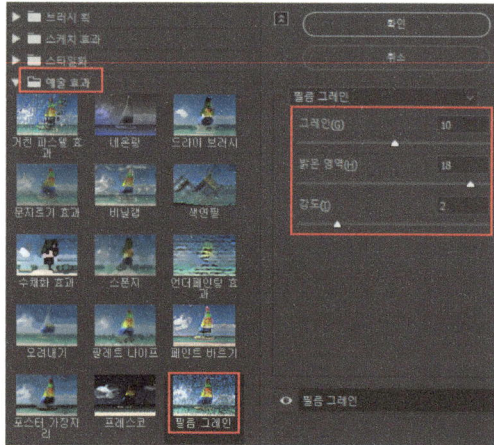

09.
최종 완성 이미지 입니다.

PART 03
실습예제 08.

풍경속 인물 지우기

포토샵 cc 2023 이후 버전 / 제거도구, 개체선택 도구 활용
소스파일 : ① 풍경사진

①

01.

예제 소스 파일(①풍경사진.JPG)을 엽니다. 파일을 보면 여성의 뒷모습 이미지를 제거 해보겠습니다. 여러 방법이 있지만 제거도구와 개체선택 도구를 활용 하겠습니다. 이 기능은 포토샵 CC 2023 버전 부터 업데이트 된 기능입니다.

02.

첫 번째 방법 제거도구를 활용 하겠습니다. 툴 박스에서 제거도구  를 선택합니다. 제거도구를 선택 후 아래 그림과 같이 여성이미지보다 조금더 많이 마우스를 드래그하여 색칠(빨간색)을 해줍니다. 색채우기가 끝나면 컴퓨터가 자동으로 여성이미지를 제거 해줍니다.

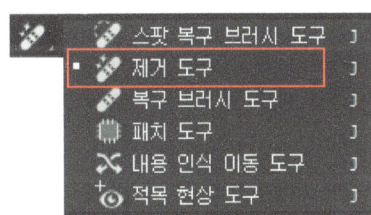

상단 메뉴바 제거도구 옵션에서 브러시 크기를 80 ~ 100으로 설정해줍니다. 각 획 처리 후 제거 를 체크 해 줍니다.

툴박스 에서 제거 도구를 클릭하면 상단 옵션 바의 각 획 처리 후 제거는 기본으로 체크 되어있습니다.

03.

두 번째 방법 개체 선택 도구를 활용 하겠습니다. 툴 박스에서 개체 선택 도구 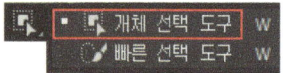 를 선택합니다. 메뉴 상단 개체 선택 도구 옵션을 그림과 같이 체크 합니다.

여성이미지 위에 마우스를 올리면 아래 그림과 같이 붉은 라인과 함께 선택됩니다. 마우스로 클릭하면 뒷모습 여성이 선택됩니다. 마우스를 선택 영역위에 올린 상태에서 마우스 우측 버튼을 클릭하여 옵션 중 선택 영역 삭제 및 채우기를 선택합니다. 그러면 자동으로 여성 이미지가 삭제됩니다.

완성 이미지

제거도구와 개체선택 도구를 활용은 이미지 마다 차이가 있습니다. 일반적으로 배경이미지보다 피사체(인물)이미지가 작을 경우 더욱 효과적이며 간혹 후반 작업이 추가되는 경우도 있기때문에 이미지에 맞게 활용하시기 바랍니다.

BREAK TIME. 포토샵 목업 작업

디자인작업을 하다 보면 일반적인 디자인시안만 리뷰했을 때와 디자인을 목업에 적용해서 리뷰를 하였을 때와 반응이 매우 다릅니다. 실제처럼 매체에 적용되는 목업을 보여주게 되면 디자인을 잘 알지못하는 경우와 매체의 이해도가 부족한 경우에는 디자인 시안이 어떻게 적용되는지 이해가 쉽고 결과물을 예측하게 해 줍니다. 목업은 커뮤니케이션을 더욱 수월하게 해 주며 디자인시안의 완성도 또한 더 높아 보이게 하는 효과가 있습니다. 무분별하게 사용하는것 보다는 사실적인 목업을 적재 적소에 적용하는 걸 추천합니다.

포토샵 무료 목업 사이트

https://freedesignresources.net/

https://www.mockupworld.co/

https://creativebooster.net/collections/all-freebies

https://www.pixeden.com/free

https://zippypixels.com/products/freebies/

https://www.freepik.com/

PART 03
실습예제 09.

피부(여드름)톤 보정

여드름 피부 톤 보정(하이패스 / 가우시안 흐림 효과)
소스파일 : ① 여성얼굴

①

01.

파일 / 새로만들기 클릭, 새로운 문서 만들기 대화상자 에서 A4 사이즈 (가로 210 mm 세로 297mm) 해상도 150 dpi 색상모드는 RGB를 지정 후 새로운 문서를 만듭니다. (단, 옵셋 인쇄의 경우 해상도 300dpi / 색상모드 CMYK)

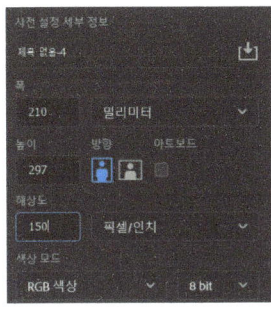

02.

작업에 앞서 먼저 새 문서에서 가이드선을 생성 해줍니다. 이유는 대지의 가장 자리에 일정한 여백과 문서의 중심을 알기 위함이며, 이렇게 설정한 가이드 선은 전체 레이아웃을 배치하는데 꼭 필요한 순서 입니다. 좌, 우, 상, 하 1cm ~ 2cm(정도의 여백을 두는 것이 일반적입니다. 특별한 경우 이외에는 노란색 부분에 이미지, 카피, 로고 등 구성요소들이 모두 포함되어야 합니다. 레이어패널의 배경레이어의 자물쇠를 클릭하여 없애줍니다. 가이드 선 생성을 위해 눈금자(Ctrl + R)를 활성화 시킵니다. 그 다음 자유변형(Ctrl + T)을 실행하면 파란색 바운딩 박스가 생성 됩니다. 바운딩 박스를 기준으로 마우스를 눈금자 위에 위치하고 클릭 후 드래그하여 가이드선을 생성해줍니다.

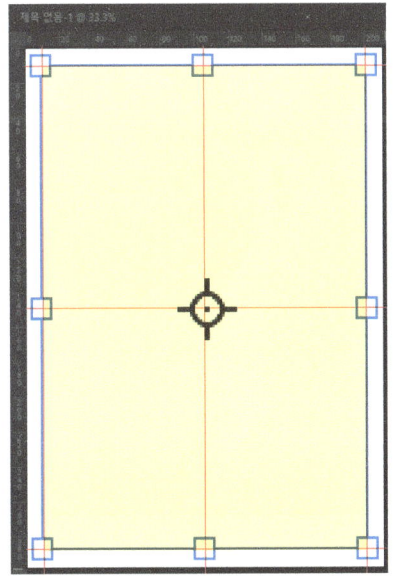

가이드 선을 생성 하기 위해서는 배경레이어의 자 물쇠를 클릭하여 자물쇠를 없애줌

눈금자의 현재 단위는 mm입니다. 단위의 수정은 눈금자(단위) 위에 마우스를 위치 시키고 우측버튼을 클릭 하면 새로운 단위를 지정 할 수 있습니다.

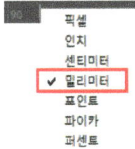

03.

예제 소스 파일(① 여성얼굴.JPG)을 엽니다. 여성얼굴 이미지 레이어를 선택 후 전체 선택(Ctrl + A) 합니다. 그리고 복사(Ctrl + C)후 새문서(A4사이즈)로 붙여넣기(Ctrl + V)를 하여 줍니다. 레이어 이름을 여성 이미지 원본으로 수정 해줍니다. 여성 이미지 원본 레이어를 선택 후 복사 (Ctrl + J)한 후 레이어 이름을 하이패스로 변경하여 줍니다.

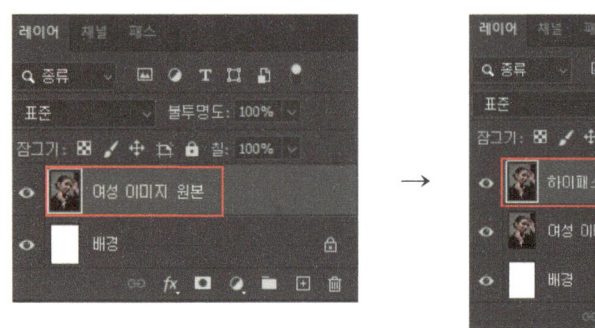

04.

하이패스 효과 레이어를 선택합니다. 선택한 후 레이어 블렌딩 모드에서 선명한 라이트를 선택하여 줍니다.

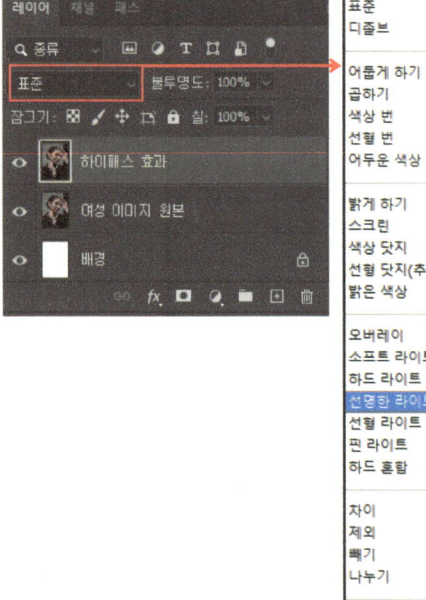
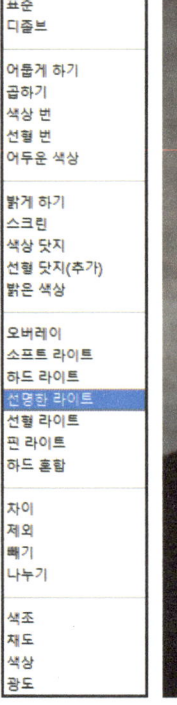

05.

하이패스 효과 레이어를 선택 후 이미지를 반전(Ctrl + I)시켜 줍니다. 그리고 상단 메뉴바에서 필터 / 기타 / 하이패스를 선택합니다. 하이패스 옵션 대화상자에서 반경 값을 12 ~ 20픽셀 정도의 값을 입력합니다.

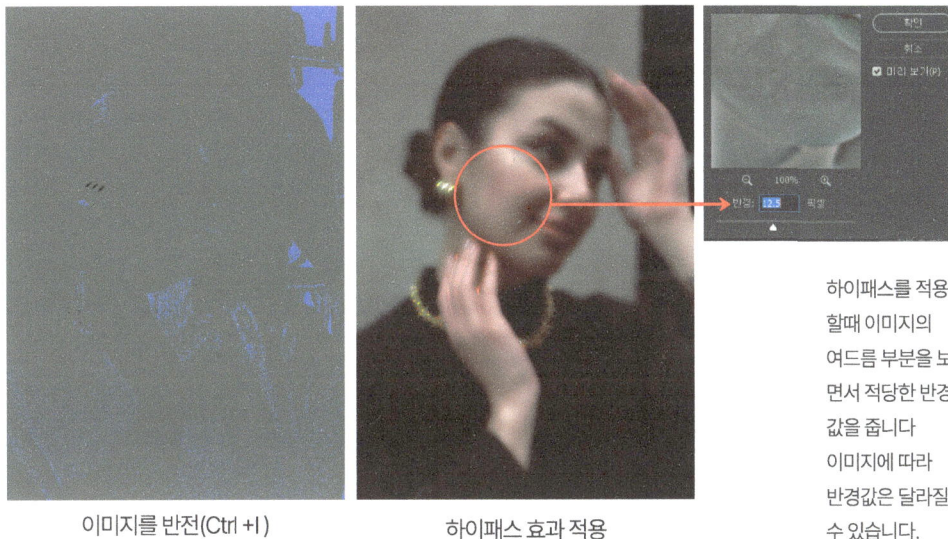

이미지를 반전(Ctrl +I)   하이패스 효과 적용

하이패스를 적용 할때 이미지의 여드름 부분을 보면서 적당한 반경 값을 줍니다 이미지에 따라 반경값은 달라질 수 있습니다.

06.

하이패스 효과를 적용 한 후 상단 메뉴의 필터 / 효과 / 흐림 효과 / 가우시안 흐림 효과를 선택합니다. 옵션 대화상자 에서 반경 값을 1.0 ~ 1.5 픽셀 정도 입력합니다.

가우시안 흐림 효과의 경우 반경 값이 낮을 수록 원본 이미지에 가깝게 나타납니다. 그렇기 때문에 이미지를 보면서 조정하는 것이 효과적입니다.

07.

하이패스 효과 레이어를 선택 후 레이어 패널 아래 레이어 마스크 아이콘 을 Alt 키를 누른채 클릭을 합니다(레이어 마스크가 검정색으로 채워지며 하이패스 효과 레이어 이미지가 가려짐).

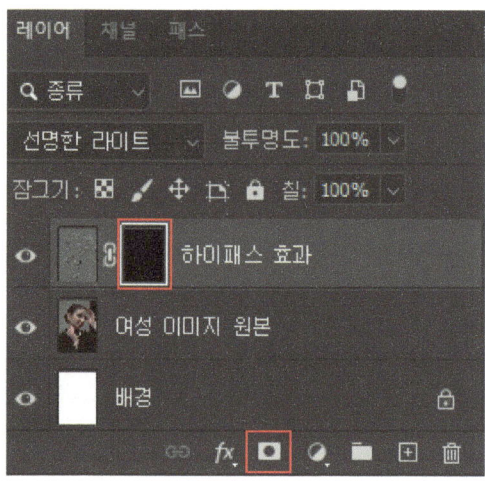

마스킹 작업시 전경색 흰색(이미지 보임), 검정색(이미지 가려짐)의 경우 전경색과 배경색의 위치를 바꾸고 싶을때에는 단축키(X)를 누르면 위치가 변경됩니다. 예를 들어 흰색으로 이미지를 조금씩(20%) 나타내다가 너무 진하게 표현 되었을 경우에는 전경색을 검정으로 위치를 바꿔서 클릭을 하면 진하게 표현된 이미지를 조금씩(20%) 지워 줄 수 있습니다.

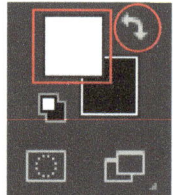

브러시 전경색(흰색)

08.

하이패스 효과 레이어의 마스킹 레이어를 선택합니다. 얼굴의 여드름을 지우기전 브러시 세팅을 해야합니다. 브러시 옵션 대화상자에서 마스킹 작업에 적합한 브러시로 세팅을 해줍니다. 브러시 툴 선택 후 마우스 우측버튼 클릭, 브러시 크기(200 ~ 350픽셀 정도) 설정, 경도 값(브러시 가장 자리의 흐림의 정도)은 0% 값을 설정 합니다. 브러시 모양은 정원 모양으로 설정합니다. 상단 브러시 옵션에서 브러시의 불투명도는 20 ~ 30% 사이의 값으로 설정 해줍니다.

브러시 크기의 경우 200 ~ 350픽셀 정도 설정 후 마스킹 작업을 진행합니다. 하지만 브러쉬 크기를 계속적으로 조정하면서 마스킹 작업을 하면 더욱 효과적 입니다.

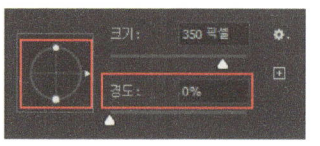

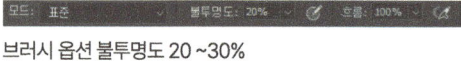

브러시 옵션 불투명도 20 ~30%

09.

하이패스 효과 마스크 레이어(검정)를 선택 후 전경색 흰색(이미지 나타남) 브러시로 톡톡 부드럽게 클릭을 하여 줍니다. 얼굴의 볼 부분은 브러시 크기가 크게 해서 마스킹을 해주고, 눈주위나 입술 주위의 경우는 브러시크기를 작게 해서 마스킹 작업을 해줍니다. 마스킹 작업의 경우 지우고 싶은 경우 전경색을 검정색을 지정 후 클릭을 하면 지워집니다.

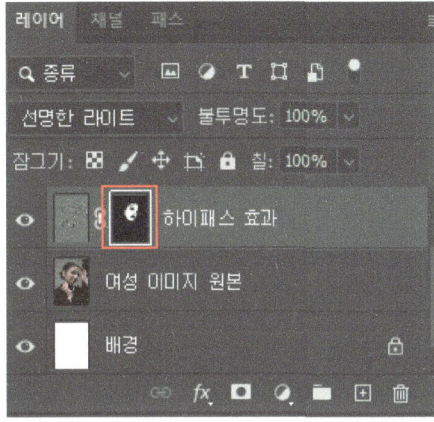

10.

마스킹 후 최종 이미지

마스킹 전   완성이미지

PART 03
실습예제 10.

손글씨 합성

패치도구, 색상범위, 자유변형(왜곡), 곡선 조정레이어
소스파일 : ① 서류이미지, ② 싸인이미지

①

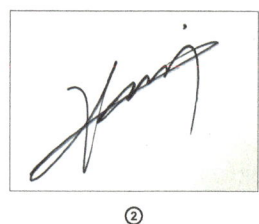

②

01.

파일 / 새로만들기 클릭, 새로운 문서 만들기 대화상자 에서 A4 사이즈 (가로 210 mm 세로 297mm) 해상도 72 dpi 색상모드는 RGB를 지정 후 새로운 문서를 만듭니다. (단, 옵셋 인쇄의 경우 해상도 300dpi / 색상모드 CMYK)

02.

예제 소스 파일(① 서류이미지.JPG)을 엽니다. 서류이미지 레이어를 선택 후 전체 선택(Ctrl + A) 합니다. 그리고 복사(Ctrl + C)후 새로 만든 대지(A4사이즈)로 붙여넣기(Ctrl + V)를 하여 줍니다. 레이어 이름을 서류이미지로 수정 해줍니다. 서류이미지의 시그니처(싸인)를 툴 박스의 패치도구 를 이용하여 삭제를 해주겠습니다.

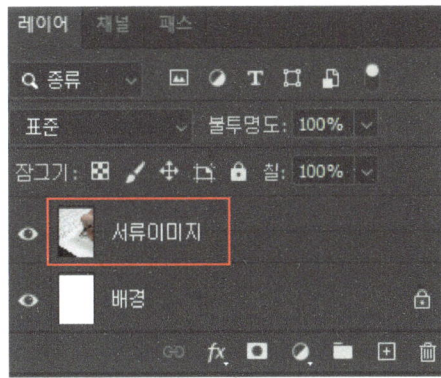

03.

패치 도구의 사용 방법은 서류이미지 레이어를 선택합니다. 지워야 할 부분(시그너처)을 먼저 선택 후, 마우스를 선택영역 안쪽으로 이동 후 원하는 이미지(흰 여백) 방향으로 클릭해서 드래그 합니다. 마지막으로 선택을 해제(Ctrl + D) 해줍니다.

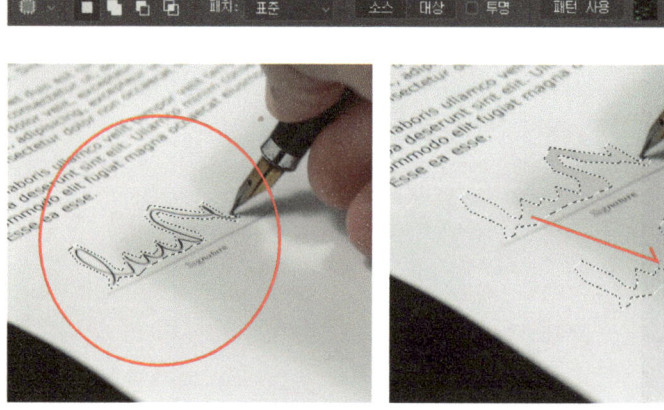

상단 옵션바는 변경하지 않고 그대로 사용합니다. 확산의 경우에는 수치가 낮을 수록 주변부와 섞이지 않습니다.

패치 도구 툴로 지울 부분 선택하기

선택후 적용할 이미지로 마우스 드래그

선택 해제 후 완성이미지

패치 도구의 선택 영역은 올가미 툴과 비슷합니다. 자유롭게 드래그 하는데로 선택 영역이 선택되어 집니다. Alt키를 누른 상태에서 드래그를 하면 직선으로 선택되어집니다. 선택 도중에 선택 영역을 잘못 드래그 하였을 경우에는 Alt키를 누른 상태에서 Back Space 바를 누르면 직선 선택영역의 한단계 전으로 취소됩니다. 선택영역을 선택 후 Shift 키를 누르면 선택 영역에 추가로 선택 할 수 있습니다. Alt 키를 누르면 선택 영역에 빼기를 할 수 있습니다. Shift + Alt 키를 같이 누르면 선택 영역이 교차된 부분만을 남깁니다.

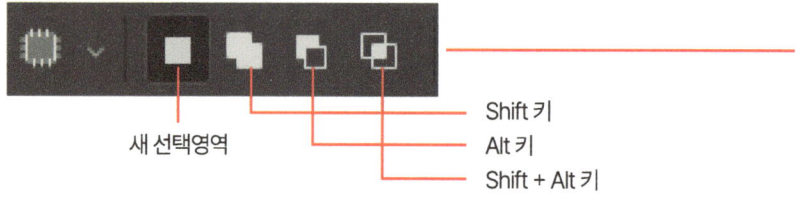

새 선택영역
Shift 키
Alt 키
Shift + Alt 키

선택도구, 올가미 도구 등 모든 선택 도구의 선택 영역 단축키는 동일합니다.

04.

예제 소스 파일(② 싸인이미지.JPG)을 엽니다. 싸인 이미지의 경우 배경의 컬러가 회색톤으로 되어 있습니다. 배경색을 먼저 흰색으로 만들어 줍니다. 상단 메뉴바에서 이미지 / 조정 / 곡선을 선택하면 곡선 조정 대화상자가 생성됩니다. 곡선 대화 상자에서 흰색 샘플링 스포이드를 선택합니다. 그 다음 이미지의 배경 회색부분중 가장 어두운 부분의 회색을 클릭해줍니다. 그 결과 배경색이 흰색으로 변경된 것을 알 수 있습니다.

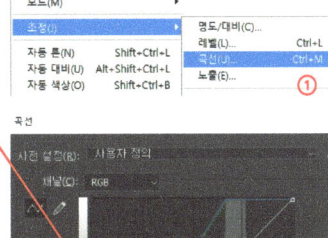

메뉴 상단 이미지/조정 / 곡선 처럼 메뉴바에서 조정레이어를 선택하는 경우에는 레이어에 조정레이어가 추가 되지 않습니다.

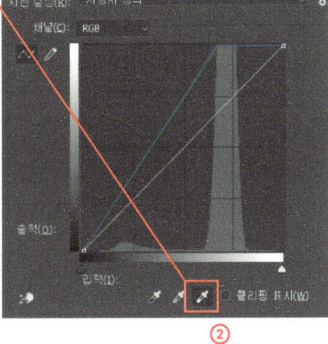

곡선레이어를 추가 할 경우에는 레이어 하단 조정레이어 아이콘을 클릭 후 곡선을 선택하면 곡선 조정레이어가 생성됩니다.

배경 흰색 샘플링 완성이미지

배경의 흰색인 경우 레이어 블렌딩 모드를 어둡게하기, 곱하기, 색상 번, 선형 번, 어두운 색상으로 변경하면 흰색부분이 하위 레이어와 블렌딩되면서 싸인(검정색 부분)만 남게됩니다.

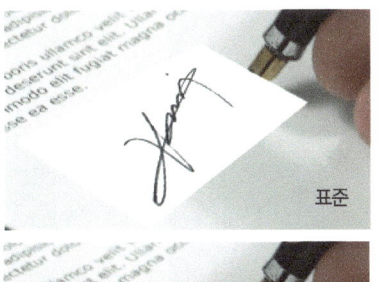

단점은 싸인의 검정색은 변경 하기 힘듭니다.

05.

싸인이미지의 배경을 흰색(샘플링)으로 변경 한 후 블렌딩 모드를 변경하여 합성을 해도 되지만, 단점은 싸인의 검정 글씨색은 변경하기가 힘듭니다. 이번에는 배경이 흰색(샘플링)으로 변경된 상태에서 색상범위를 활용해서 검정 글씨만 추출해보겠습니다. 배경레이어를 선택한 후 상단 메뉴바에서 선택 / 색상 범위를 선택합니다. 선택하면 색상범위 옵션 대화상자가 열립니다.

배경 흰색 샘플링 완성이미지

색상범위 옵션 대화상자에서 스포이드 도구를 클릭 후 이미지의 싸인 글씨부분 중 제일 검정색을 클릭합니다. 그러면 클릭한 부분(검정색)이 흰색으로 변경됩니다. 변경된 상태에서 선택을 체크하고, 허용량의 수치를 올려주면 검정 글씨부분이 더욱 선명하게 보입니다. 아래 그림에서 허용량의 수치에 따라 흰색 글씨가 달라진걸 알 수 있습니다. 여기에서는 허용량을 132로 입력후 확인을 클릭합니다.

허용량 : 31

허용량 : 132

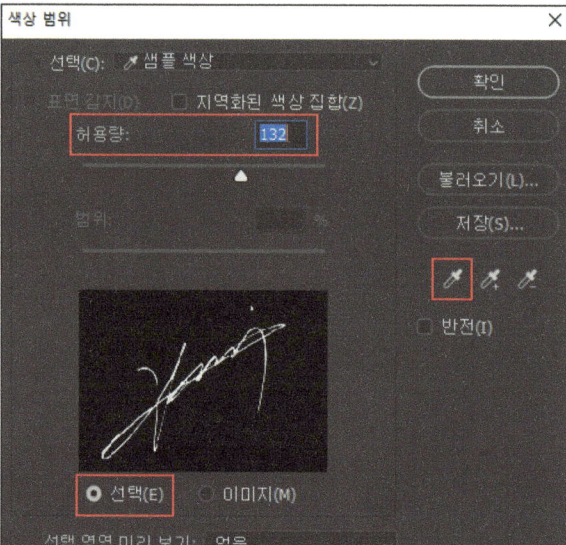

일반적으로 이미지가 단색으로 된 부분을 클릭 하는 것이 좋습니다. 스포이드 툴 선택 후 배경색인 흰색을 클릭한 경우에는 색상범위를 적용한 후 선택 영역을 반전(Ctrl+Shift+I)을 하면 검정 글씨부분이 선택되어 집니다.

06.

색상범위를 적용한 후 결과는 검정색 글씨 부분만 선택되어 집니다. 배경 레이어 선택한 후 복사(Ctrl +J)를 해줍니다. 레이어 명을 싸인이미지로 변경하여 줍니다.

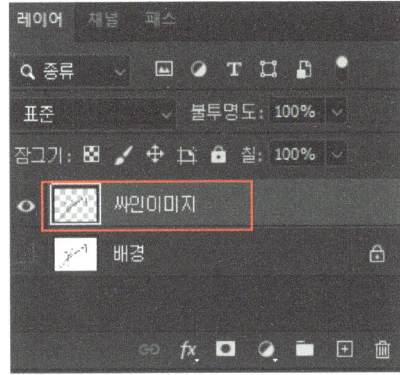

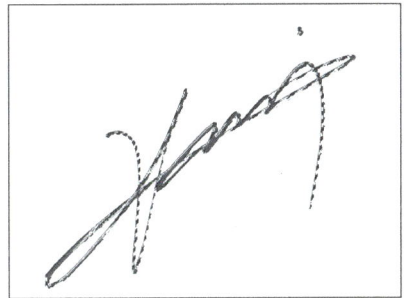
색상 범위 적용 후 이미지

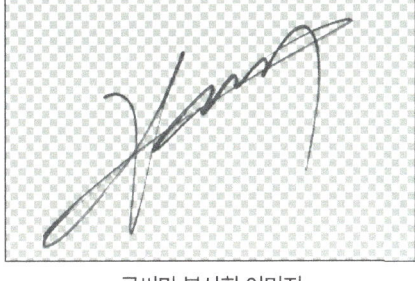
글씨만 복사한 이미지

싸인이미지의 경우 레이어가 투명 하기때문에 원하는 색상을 바꿔줄 수 있습니다. 먼저 원하는 색상을 지정하여 줍니다. 전경색을 더블 클릭하면 색상 피커 대화상자에서 빨간색을 지정해주면 전경색이 빨간색으로 변경됩니다. 싸인 이미지 레이어 선택 후 전경색 빨간색(Alt + Shift + Delete)을 채웁니다. 투명한 곳은 색이 칠해지지 않고 글씨부분만 빨간색으로 채워집니다.

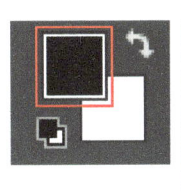

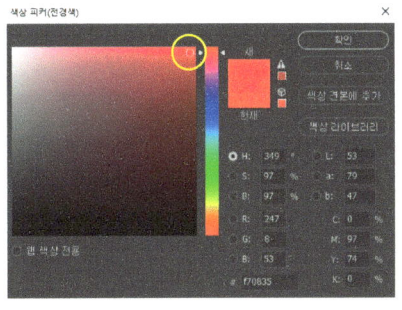

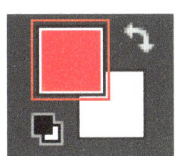

투명레이어 색상
채우기 단축키
전경색(Alt + Shift + Delete)
배경색(Ctrl + Shift + Delete)

07.

싸인이미지의 색상은 검정색으로 다시 변경하여 줍니다. 싸인이미지 레이어를 선택한 후 전체선택(Ctrl +A)을 합니다. 그 다음 복제(Ctrl +C)한 후 새로운 작업 창으로 가서 서류이미지 레이어를 선택한 후 싸인이미지를 붙여넣기(Ctrl +V)합니다.

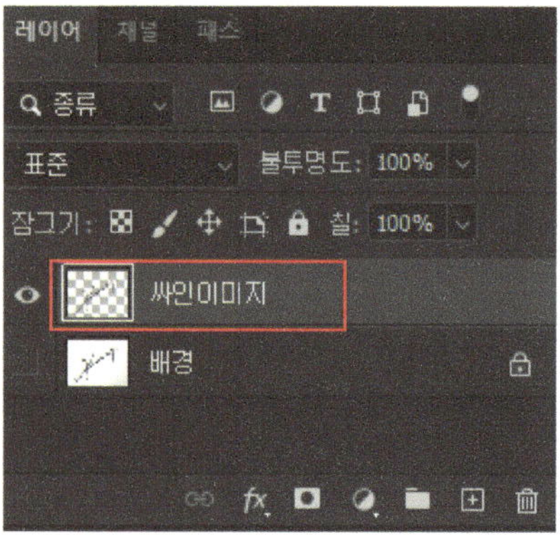

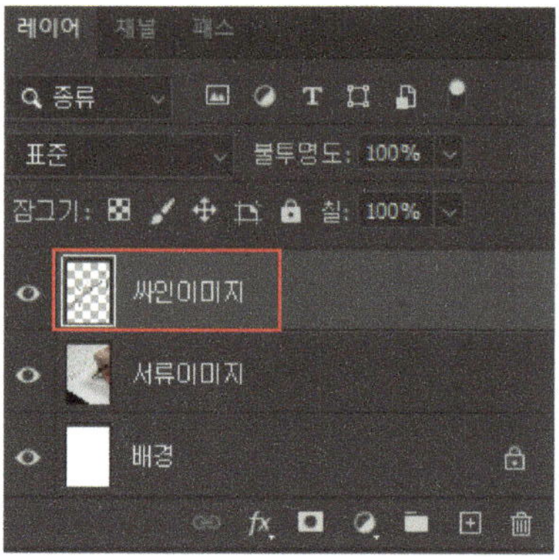

새로운 작업창으로 가져온 싸인이미지는 변형을 통하여 종이에 직접 쓰여진 싸인으로 합성하기 위해서는 싸인이미지의 크기와 서류이미지의 카메라 앵글을 참고해서 회전등 을 이용하여 아래의 이미지 처럼 자연스럽게 합성을 합니다.

08.

싸인이미지 레이어를 선택한 다음 자유변형(Ctrl +T)을 실행합니다. 실행하면 싸인이미지에 바운딩박스가 생성 됩니다. 마우스를 바운딩 박스의 꼭지점 혹은 사각형 박스에 가까이 가면 마우스의 커서가 변경됩니다. 아래 그림과 같이 싸인이미지 크기를 조정 해줍니다.

↔ 수평으로 크기 조정	↕ 수직으로 크기 조정	↗ 대각선으로 크기 조정
↩ 회전	▽ Ctrl 키를 누른 상태에서 꼭지점(선택한 꼭지점만 움직임)	

자유변형(Ctrl +T)을 실행한 후 바운딩 박스가 생성된 상태에서 Ctrl 키를 누른 상태에서 마우스를 꼭지점 혹은 바운딩 박스 사각형박스 위에 올리면 위▽그림의 커서모양으로 바뀝니다. Ctrl 키를 계속 누른 상태에서 (왜곡 기능) 모양 커서를 이용해 아래 그림 처럼 변경하여 줍니다. 바운딩 박스의 모양이 서류이미지의 앵글과 평행하게 되어야 싸인 이미지가 자연스러워 집니다.

09.

싸인이미지의 변형이 끝나면 Enter키를 눌러 변형된 내용을 적용합니다. 적용된 싸인이미지를 선택 후 레이어 블렌딩 모드를 곱하기로 설정을 해줍니다. 보기에는 크게 표지 나지는 않지만 싸인이미지 레이어와 서류이미지 레이어가 블렌딩되어 더욱 차분한 이미지가 표현됩니다.

최종 완성이미지

BREAK TIME. 인터넷 화면 색 추출 방법

웹페이지 이미지 추출 방법

포토샵 화면과 인터넷 화면을 동시에 화면분할 합니다. (윈도우키 + ← 또는 →)

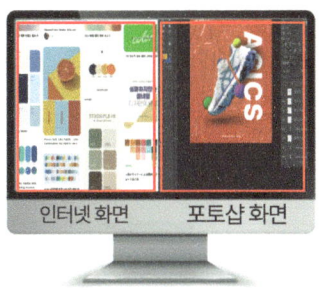

포토샵 툴 박스에서 스포이드 툴 을 선택 합니다. 포토샵 화면(대지나 대지밖의 부분도 가능)의 색상을 클릭 한 다음 마우스를 놓지 않고 드래그해서 마우스를 인터넷 화면의 원하는 색상위에 마우스를 올린후 클릭을 해제하면 색상이 전경색으로 변경 됩니다.

배경색은 스포이드 툴 을 선택한 다음 Art 키를 누른상태에서 위의 방법과 같은 방법으로 진행하면 배경색이 변경됩니다.

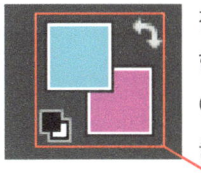

전경색과 배경색이 정해지면 툴박스에서 그레이디언트 툴 을 선택 합니다. 그레이디언트 툴을 선택 후 상단 옵션바에서 그레이디언트 툴 아이콘위로 마우스를 위치 시킨 후 우측 버튼을 클릭한 후 도구 재설정을 클릭합니다. 결과는 전경색→배경색 글레이디언트가 설정됩니다.

PART 03
실습예제 11.

대비가 심한 이미지 톤 밸런스 조정

composite 채널, 블렌딩 모드, 커브
소스파일 : ① 남성이미지

①

01.

파일 / 새로만들기 클릭, 새로운 문서 만들기 대화상자 에서 A4 사이즈 (가로 210 mm 세로 297mm) 해상도 150 dpi 색상모드는 RGB를 지정 후 새로운 문서를 만듭니다. (단, 옵셋 인쇄의 경우 해상도 300dpi / 색상모드 CMYK)

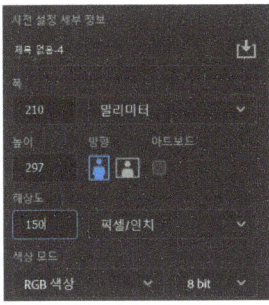

02.

작업에 앞서 먼저 새 문서에서 가이드선을 생성 해줍니다. 이유는 대지의 가장 자리에 일정한 여백과 문서의 중심을 알기 위함이며, 이렇게 설정한 가이드 선은 전체 레이아웃을 배치하는데 꼭 필요한 순서 입니다. 좌, 우, 상, 하 1cm ~ 2cm(정도의 여백을 두는 것이 일반적입니다. 특별한 경우 이외에는 노란색 부분에 이미지, 카피, 로고 등 구성요소들이 모두 포함되어야 합니다. 레이어패널의 배경레이어의 자물쇠를 클릭하여 없애줍니다. 가이드 선 생성을 위해 눈금자(Ctrl + R)를 활성화 시킵니다. 그 다음 자유변형(Ctrl + T)을실행하면 파란색 바운딩 박스가 생성 됩니다. 바운딩 박스를 기준으로 마우스를 눈금자 위에 위치하고 클릭 후 드래그하여 가이드선을 생성해줍니다.

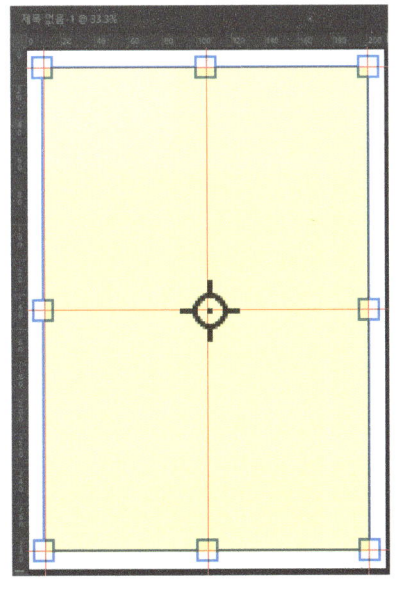

가이드 선을 생성 하기 위해서는 배경레이어의 자 물쇠를 클릭하여 자물쇠를 없애줌

눈금자의 현재 단위는 mm입니다. 단위의 수정은 눈금자(단위) 위에 마우스를 위치 시키고 우측버튼을 클릭 하면 새로운 단위를 지정 할 수 있습니다.

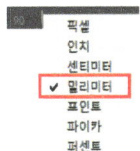

03.

사진 촬영시 역광이미지의 경우 밝은 영역과 어두운 영역의 대비가 심해 어두운 경우가 많습니다. 이런 경우 Composite 채널과 레이어 블렌딩 모드를 활용해 쉽게 해결할 수 있습니다.

예제 소스 파일(① 남성이미지.JPG)을 엽니다. 남성이미지 레이어를 선택 후 전체 선택(Ctrl + A) 합니다. 그리고 복사(Ctrl + C)후 새문서로 붙여넣기(Ctrl + V)를 하여 줍니다. 레이어 이름을 남성이미지 원본으로 수정 해줍니다.

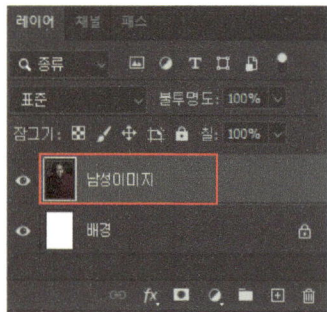

04.

남성이미지레이어를 선택합니다. Ctrl + Alt + 2 를 눌러주면 이미지의 하일라이트 영역만 선택됩니다. 하일라이트 영역이 선택된 후 Ctrl + J를 눌러 하일라이트 영역을 복제 하여줍니다.
레이어이름을 밝은영역-어둡게 로 변경하여 줍니다.
밝은 영역을 블렌딩 모드를 곱하기를 하였기 때문에
밝은 영역이 약간 어두어 졌습니다

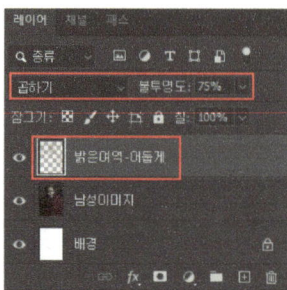

Ctrl + Alt + 2(하일라이트 영역 선택)

Ctrl + J(하일라이트 영역 복제)

블렌딩모드-곱하기 75%

05.

이번에는 어두운 영역을 밝게 만들어 보겠습니다. 남성이미지 레이어를 선택합니다. Ctrl + Alt + 2 를 눌러주면 이미지의 하일라이트 영역만 선택됩니다. 어두운 영역을 선택하기 위해 선택영역 반전(Ctrl + Shift + I)을 하여 줍니다. 선택영역을 반전시키면 어두운 영역이 선택됩니다. Ctrl + J를 눌러 어두운 영역을 복사(Ctrl + J)하여 줍니다. 복제된 레이어 이름을 어두운 영역-밝게 로 변경한 후 레이어 위치를 제일 위로 옮겨 줍니다. 그리고 블렌딩 모드를 스크린(100%)으로 조정하여줍니다. 결과적으로 어두운 영역이 밝아지면서 전체이미지의 콘트라스트가 흐릿해 집니다.

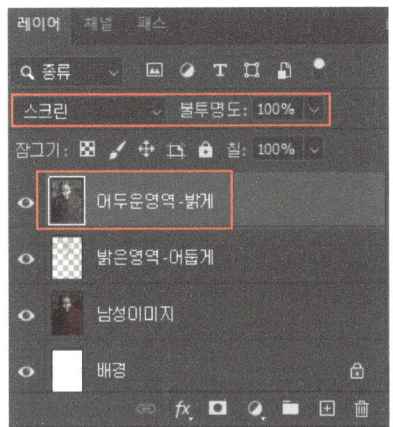

어두운 영역이 많이 밝은 경우에는 레이어의 불투명도를 원하는 만큼 조절하여 줍니다.

Ctrl + Alt + 2(하일라이트 영역 선택)
Ctrl + Shift + I(선택영역 반전)

Ctrl + J(어두운 영역 복제)

블렌딩모드-스크린 100%

06.

이제 마지막으로 전체이미지의 콘트라스트를 조정하여 줍니다. 어두운영역-밝게 레이어를 선택한 후 레이어 패널 하단 조정레이어 아이콘 클릭 후 곡선을 선택하면 곡선 조정레이어가 생성됩니다. 곡선의 그래프를 아래 그림과 같이 S 곡선을 만들어 주면 이미지의 콘트라스트(밝은 영역은 더욱 밝게-어두운 영역은 더욱 어둡게)가 증가합니다. 곡선 조정레이어를 활용하여 이미지의 톤조정을 마무리 합니다.

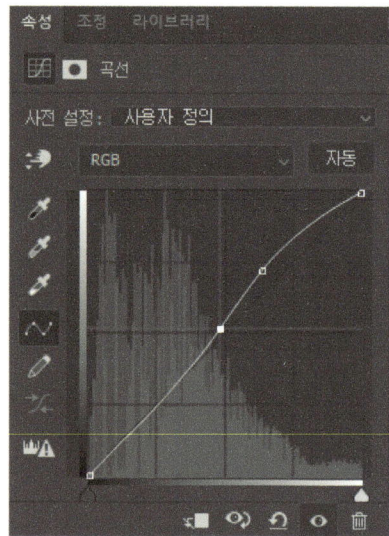
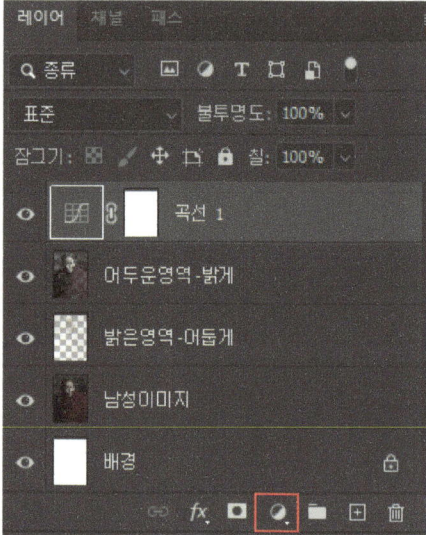
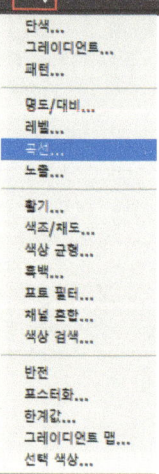

최종 완성이미지

BREAK TIME. 곡선 조정 패널

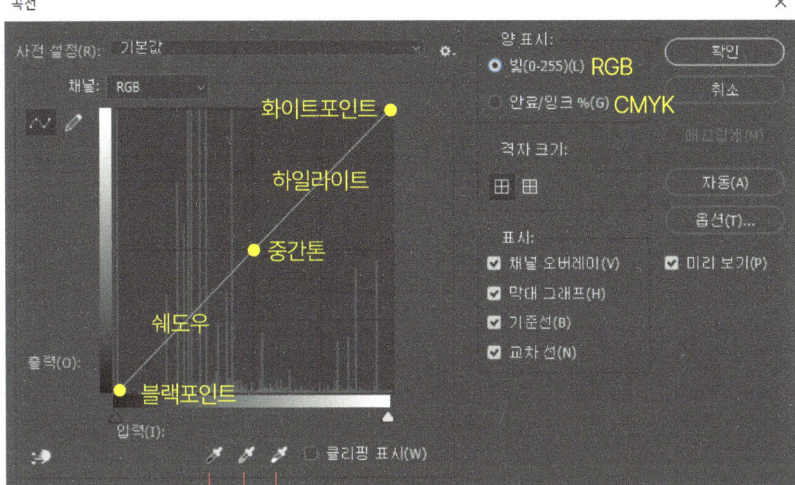

원본 이미지

이미지의 극단적인 콘트라스트 적용

이미지의 중간톤만 증가

가장 일반적인(S자) 콘트라스트 적용

네거티브 이미지 적용

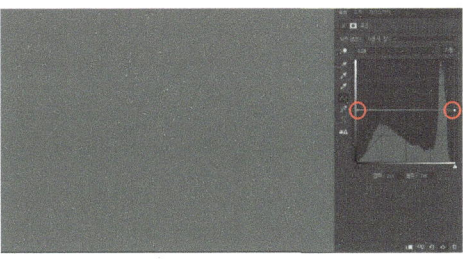
완벽한 회색 이미지 적용

PART 03
실습예제 12.

아식스 신발 포스터

투명문자(레이어스타일), 필터(왜곡/기울이기), 그레이디언트 편집
소스파일 : ① 신발이미지, ② 아식스로고

①

②

01.

파일 / 새로만들기 클릭, 새로운 문서 만들기 대화상자 에서 A4 사이즈 (가로 210 mm 세로 297mm) 해상도 150 dpi 색상모드는 RGB를 지정 후 새로운 문서를 만듭니다. (단, 옵셋 인쇄의 경우 해상도 300dpi / 색상모드 CMYK)

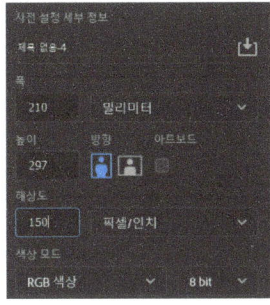

02.

작업에 앞서 먼저 새 문서에서 가이드선을 생성 해줍니다. 이유는 대지의 가장 자리에 일정한 여백과 문서의 중심을 알기 위함이며, 이렇게 설정한 가이드 선은 전체 레이아웃을 배치하는데 꼭 필요한 순서 입니다. 좌, 우, 상, 하 1cm ~ 2cm(정도의 여백을 두는 것이 일반적입니다. 특별한 경우 이외에는 노란색 부분에 이미지, 카피, 로고 등 구성요소들이 모두 포함되어야 합니다. 레이어패널의 배경레이어의 자물쇠를 클릭하여 없애줍니다. 가이드 선 생성을 위해 눈금자(Ctrl + R)를 활성화 시킵니다. 그 다음 자유변형(Ctrl + T)을실행하면 파란색 바운딩 박스가 생성 됩니다. 바운딩 박스를 기준으로 마우스를 눈금자 위에 위치하고 클릭 후 드래그하여 가이드선을 생성해줍니다.

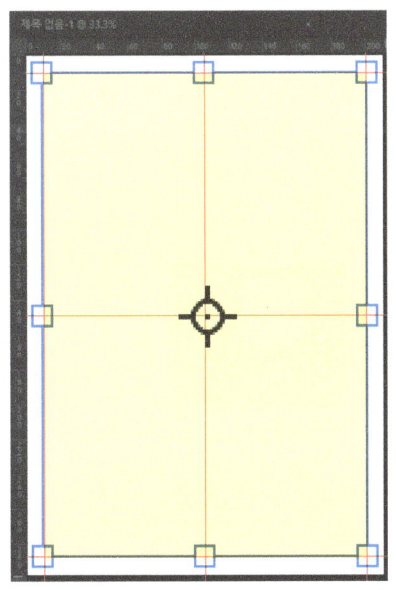

가이드 선을 생성 하기 위해서는 배경레이어의 자 물쇠를 클릭하여 자물쇠를 없애줌

눈금자의 현재 단위는 mm입니다. 단위의 수정은 눈금자(단위) 위에 마우스를 위치 시키고 우측버튼을 클릭 하면 새로운 단위를 지정 할 수 있습니다.

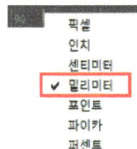

03.

예제 소스파일(①신발이미지.jpg)을 엽니다. 빠른마스크 모드를 활용하여 신발(배경 및 그림자는 제외) 누끼(이미지 추출)작업을 해보겠습니다. 신발의 경우 펜툴 보다 브러시(빠른마스크 모드)로 누끼작업을 진행하면 더욱 디테일하게 이미지를 선택할 수 있습니다.

먼저 브러시 세팅을 해줍니다. 브러시 툴 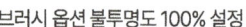 을 선택한 후 마우스 우측 버튼을 클릭하여, 브러쉬 크기(58 ~ 60픽셀), 경도 값(브러시 가장자리 흐림의 정도)은 68 ~ 72% 사 값을 설정합니다.

브러시 옵션 불투명도 100% 설정

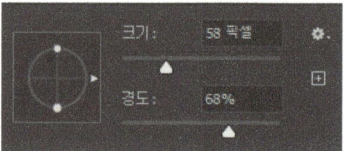

04.

브러시 세팅이 완료되면 빠른마스크(빠른 마스크) 모드를 설정 해보겠습니다. 툴박스의 빠른마스크모드 아이콘  을 더블클릭하면 빠른마스크 모드 옵션창이 열립니다. 색상 표시 내용을 선택 영역으로 체크, 불투명도 50%(50%를 설정해야 브러시 작업시 누끼 작업할 이미지가 보임), 색상은 작업자가 원하는 컬러(기본 컬러는 빨간색)로 변경해도 무방합니다.

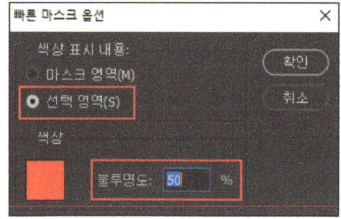

05.

신발이미지 파일을 엽니다. 빠른마스크모드 아이콘 을 클릭하면 배경 레이어가 빠른마스크모드 색상(빨간색)으로 바뀝니다. 브러시 툴 을 선택 후 전경색을 검정색으로 선택합니다. 신발 부분만 브러시로 색칠하여 빨간색으로 채워줍니다. 만약 잘못 칠하거나 수정 할 부분이 발생하면 전경색을 하얀색으로 선택하고 색칠을 하면 빨간색이 지워집니다.

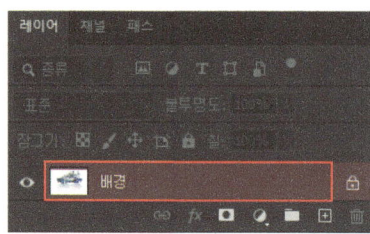

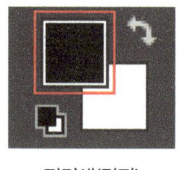
전경색(검정)
빨간색 채워짐

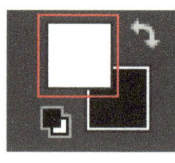
전경색(흰색)
빨간색 지워짐

① 이미지 처럼 전경색 검은색으로 선택 후 신발이미지에 빨간색(빠른 마스크 모드)을 채워줍니다. 신발이미지에 빨간색을 다 채운 다음 빠른마스크모드 아이콘 ▣ 을 클릭합니다.
② 이미지 처럼 빨간색 부분이 선택영역으로 바뀝니다.
③ 이미지와 같이 레이어 패널 하단의 레이어 마스크 아이콘 ▣ 을 클릭하면 배경 부분이 지워지며 레이어마스크가 생성되며 마무리 하시면 됩니다.

①

화면크기를 100% 확대합니다.

빠른 마스크 모드 에서 브러시
(검정색)로 신발 부분을 채워줌

②

빠른 마스크 모드에서 일반 모드
로 변경하면 빨간색 부분이 선택
영역으로 변경됨(단축키 : Q)

③

선택 영역에서 레이어 마스크 아
이콘 ▣ 을 클릭하면 신발이미
지만 남고 배경 및 그림자 이미지
는 마스킹 됨

06.

레이어0을 선택 후, Ctrl을 누른 상태에서 레이어 마스크위에 마우스를 위치 시킨 후 클릭을 하면 신발 부분만 선택이 됩니다. 선택된 상태에서 복사(Ctrl +C)후 새문서 배경레이어 위에 붙여넣기(Ctrl +V)를 하여줍니다. 복제된 레이어 이름을 신발이미지로 변경합니다.

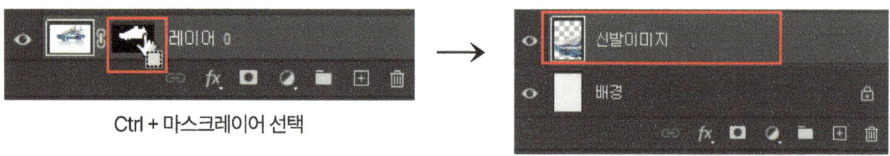

Ctrl + 마스크레이어 선택

새문서 배경레이어 위에 위치

신발이미지 레이어를 선택 한 후 상단 메뉴바에서 편집 / 자유변형 (Ctrl +T)을 클릭 한 후 크기를 아래 이미지와 비슷한 비율로 조정하여 줍니다.

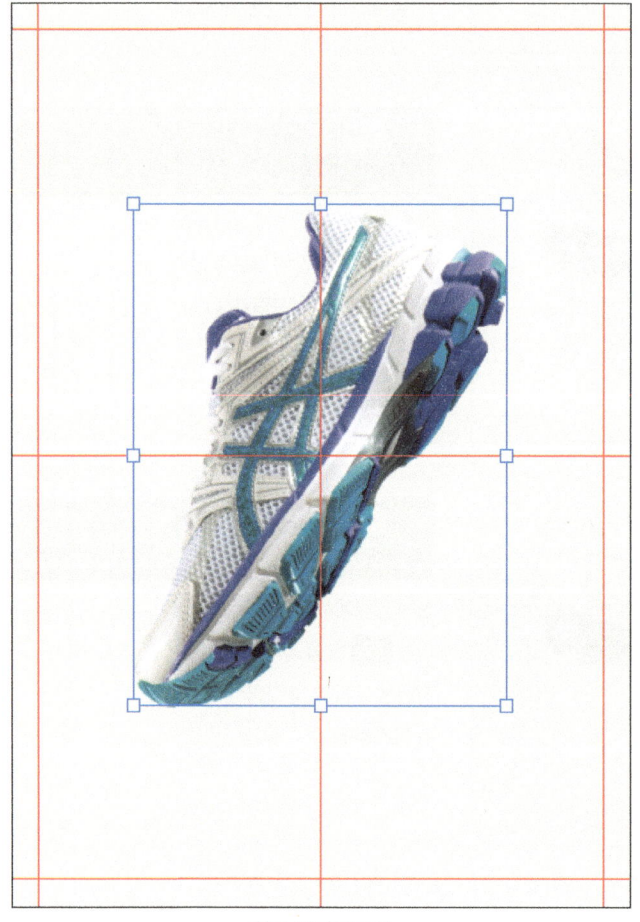

최종 완성이미지

화면의 가이드 선의 경우 보이지 않게 하고 싶을때 단축키 (Ctrl + ;)입니다.

단축키(Ctrl + ;)를 한번더 누르면 다시 보입니다.

가이드선이 있는 경우 출력을 하더라도 출력에는 영향을 받지 않습니다.

07.

배경색을 색상피커 값(# ed1c01)입력하여 오렌지 계열색을 선택합니다. 배경레이어를 선택 후 전경색을 채워줍니다(Art + Delete).

배경레이어를 선택 후 Ctrl + J 를 해주면 배경레이어가 복제됩니다. 복제된 레이어 명을 하일라이트로 변경하여 줍니다. 하일라이트레이어를 선택 후 컬러값(# f0733a)을 입력하여 밝은 오렌지 계열로 색상(전경색)을 채워줍니다(Art + Delete).

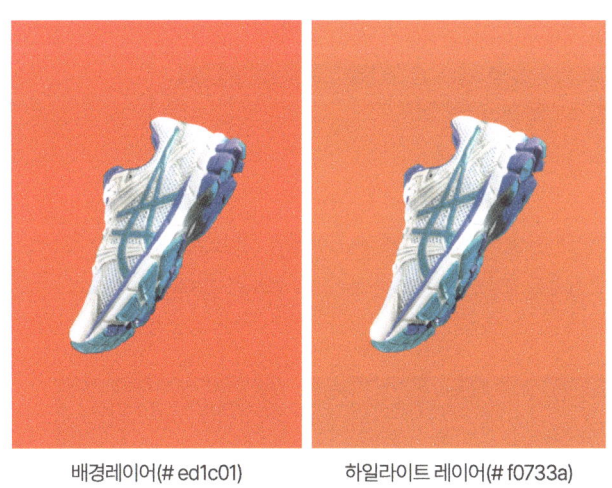

배경레이어(# ed1c01)   하일라이트 레이어(# f0733a)

08.

하이라이트 레이어를 선택 후 레이어패널 아래 레이어 마스크 아이콘을 Alt 키를 누른채 클릭을 합니다(레이어 마스크가 검정색으로 채워지며 하이라이트 색상이 가려집니다).

09.

신발 뒷부분에 하이라이트 효과를 주기위해 부분적으로 마스킹을 합니다. 먼저 하이라이트 레이어를 선택 후 마스킹을 위한 브러시를 세팅합니다. 브러시 ✏ 툴 선택 후 마우스 우측 버튼 클릭, 브러시 크기 : 600 ~ 700px, 경도 : 0% 설정 합니다. 브러시 모양은 정원 모양으로 설정합니다. 상단 브러시 옵션에서 브러시의 불투명도는 15 ~ 25% 사이의 값으로 설정 합니다 (하이라이트 컬러를 조금씩 나타내기 위함).

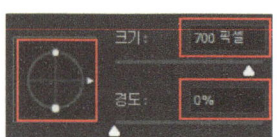
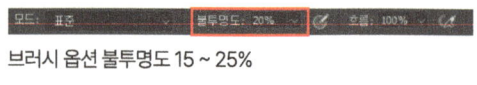

브러시 옵션 불투명도 15 ~ 25%

하이라이트마스킹 레이어를 선택 후 전경색은 흰색(하이라이트 레이어 이미지 나타남)을 선택합니다. 천천히 브러시를 이용하여 그림자를 조금씩(20%) 나타나도록 클릭을 반복 합니다.

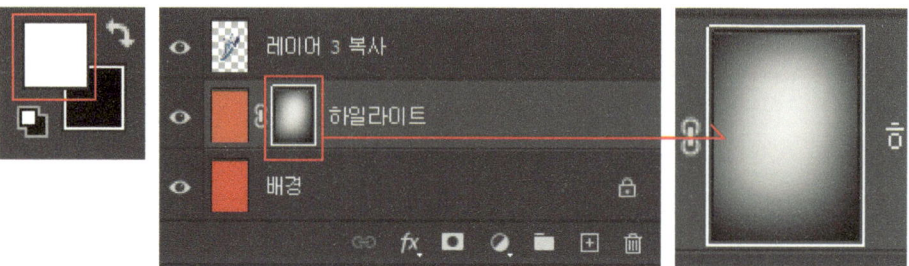

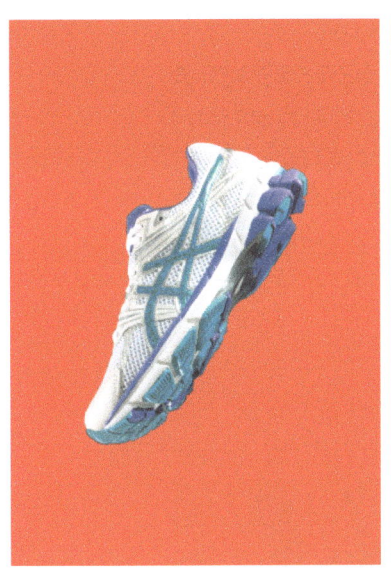

신발 뒷 부분 배경 하일라이트를 마스킹 할 경우 색상이 너무 많이 보여진 경우는 브러쉬 색상을 검정색으로 변경 한 후 클릭을 하면 하일라이트 색상이 지워집니다.

10.

신발의 쉐도우 그림자 표현하기전 브러시 세팅을 하겠습니다. 브러시 옵션 대화상자에서 마스킹작업에 적합한 브러시로 세팅을 해줍니다. 브러시 툴 선택 후 마우스 우측버튼 클릭, 브러시 크기: 400 ~ 500px, 경도 값 : 0% 설정 합니다. 브러시 모양은 정원이 아닌 납작한 모양(원형율 10 ~ 15%)으로 설정합니다.

브러시 옵션 불투명도 20% / 에어브러시 흐름 30% 설정

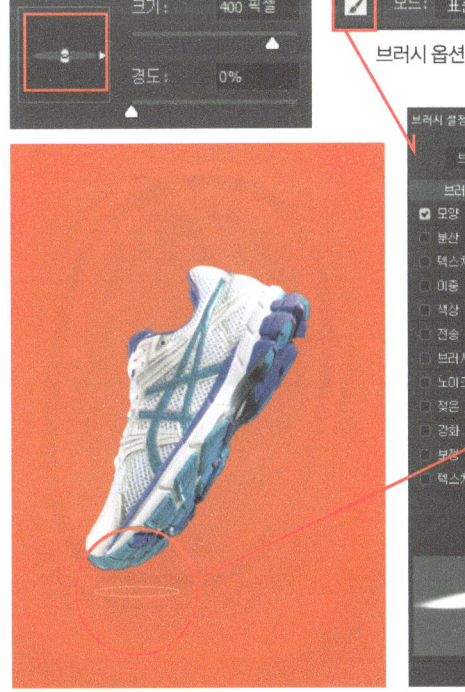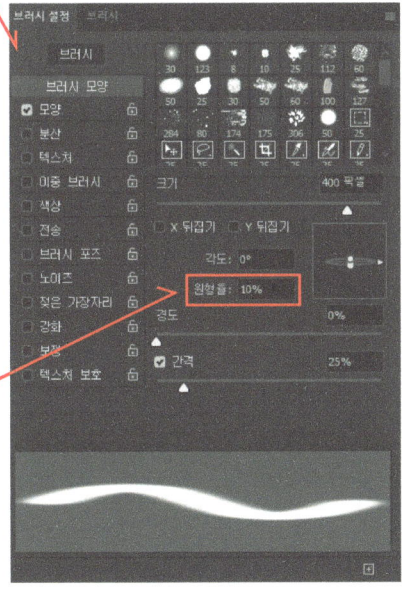

브러시를 보다 상세하게 옵션을 조정하기 위해서는 브러시 상단 옵션바에서 설정 아이콘을 클릭 하면 브러시 설정패널이 대화상자가 열립니다. 여기서 브러시의 모양을 수치로 설정 할 수 있습니다.

11.

그림자 표현의 경우 에어브러시 기능은 매우 유용합니다. 일반 누끼의 경우에는 일반 브러시를 사용하고 그림자의 표현 경우 에어브러시(Alt + Shift + P) 는 일반 브러시와 달리 중첩적으로 효과가 적용되므로 강약조절이 어려울 수 있는데, 이런 경우에는 흐름을 20 ~ 30% 정도 수치를 낮게 설정하는 것이 좋습니다. 브러시 세팅이 완료되면 하이라이트 레이어를 선택 후 레이어패널 하단에 새 레이어 아이콘 을 클릭하면 새로운 레이어가 생성됩니다. 레이어 명을 그림자로 변경하여 줍니다.

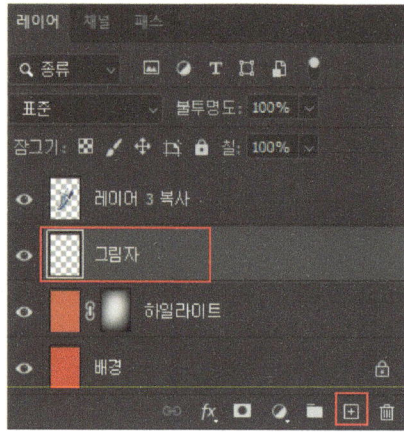

새로운 레이어의 생성은 선택한 레이어 위에 생성 됩니다.

그림자 레이어를 선택합니다. 그리고 전경색을 검정색으로 설정한 후 신발이미지 아래 부분에 그림자를 천천히 클릭을 여러번 하여 완성하여 줍니다. 그림자 완성 후 크기나 폭은 자유변형(Ctrl + T)으로 수정이 가능합니다.

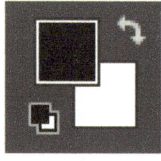

변형 전 그림자   자유변형(Ctrl + T)으로 그림자 수정

12.
신발이미지를 감싸고 있는 곡선 라인을 만들어 보겠습니다.

현재 새 문서 사이즈와 똑같은 사이즈로 문서를 하나 만들어 보겠습니다. 배경레이어를 선택한 후 마우스 우측버튼을 클릭한 다음 레이어 복제를 클릭합니다. 레이어 복제 대화 상자의 문서에서 새로만들기를 클릭하면 배경이미지를 포함한 기존 문서와 동일한 해상도와 사이즈의 새로운 문서가 만들어 집니다.

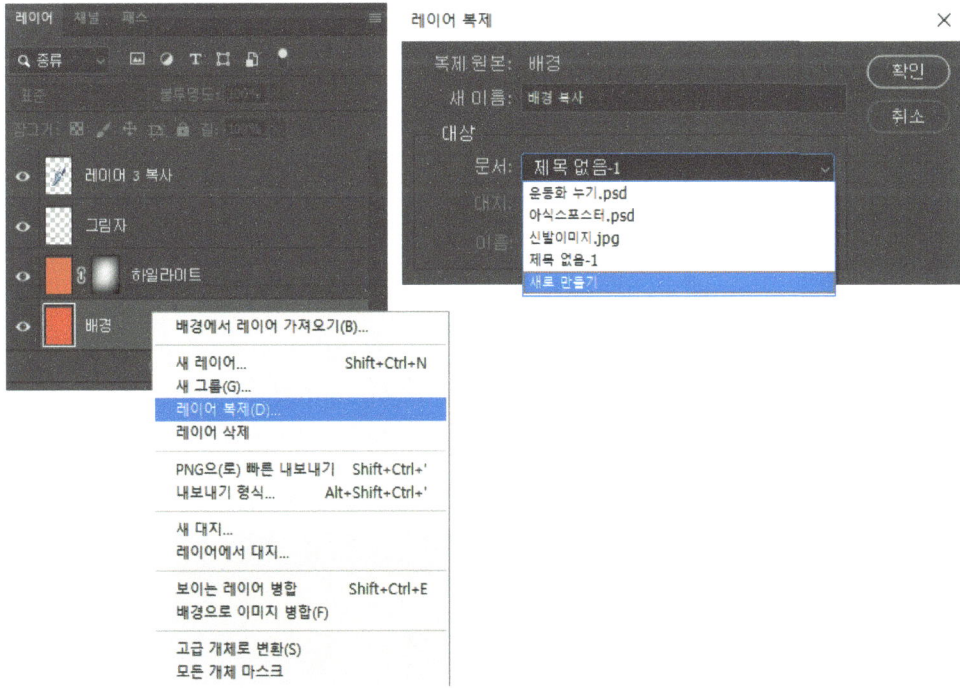

13.

새로운 문서가 생성된 후 배경이미지를 선택한 다음 전경색을 흰색으로 변경한 다음 색상을 흰색으로 채워줍니다(Alt + Delete). 배경레이어 선택 후 새 레이어를 만들어 줍니다.

  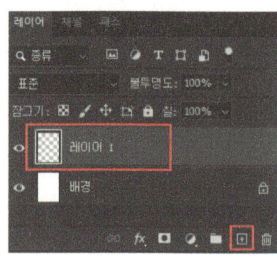

14.

레이어 1 레이어를 선택합니다. 툴 박스에서 사각형 선택 툴 을 선택한 후 세로방향으로 드래그 하여 아래 그림과 같이 만들어 줍니다. 그리고 색상을 검정색으로 채워줍니다. 레이어 패널에서 잠그기 아이콘 중에서 투명픽셀 잠그기 아이콘 을 클릭해줍니다. 결과는 선택된 레이어(레이어 1)의 우측 끝부분에 자물쇠가 표시됩니다.

투명픽셀 잠그기의 기능은 선택된 레이어의 투명한 부분에는 색상이 들어가지 않고 색상이 있는 부분만 색상이 칠해집니다. 단축키는 / 입니다.

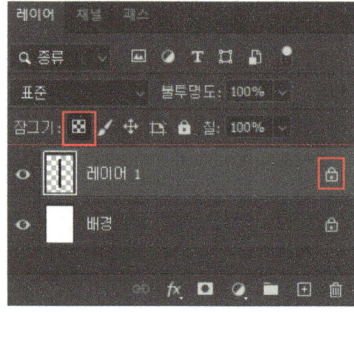

15.

레이어 1의 검정색 박스를 그라데이션 박스로 만들기 위해. 레이어 1 을 선택합니다. 툴 박스에서 그레이디언트 툴 을 선택합니다. 상단 옵션창에서 클래식 그레디언트 클릭, 사전 설정 화살표를 클릭해서 주황 계열 5번째 색상을 클릭 합니다.

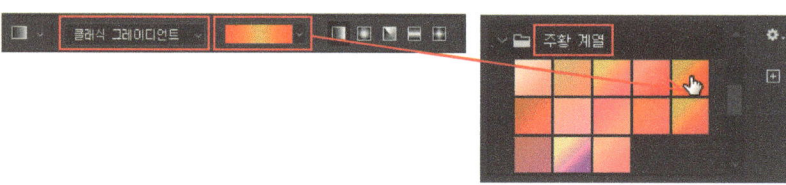

16.

아래 이미지 그레이디언트 설정 전 편집기에서 왼쪽 노란색 정지점(동그라미 안)을 클릭해서 중앙으로 이동 합니다. 그 다음 Alt키를 누른 상태에서 오른쪽 끝 오렌지 색 정지점을 왼쪽으로 드래그하면 복사된 오렌지 색 정지점을 왼쪽 끝에 위치 시킵니다.

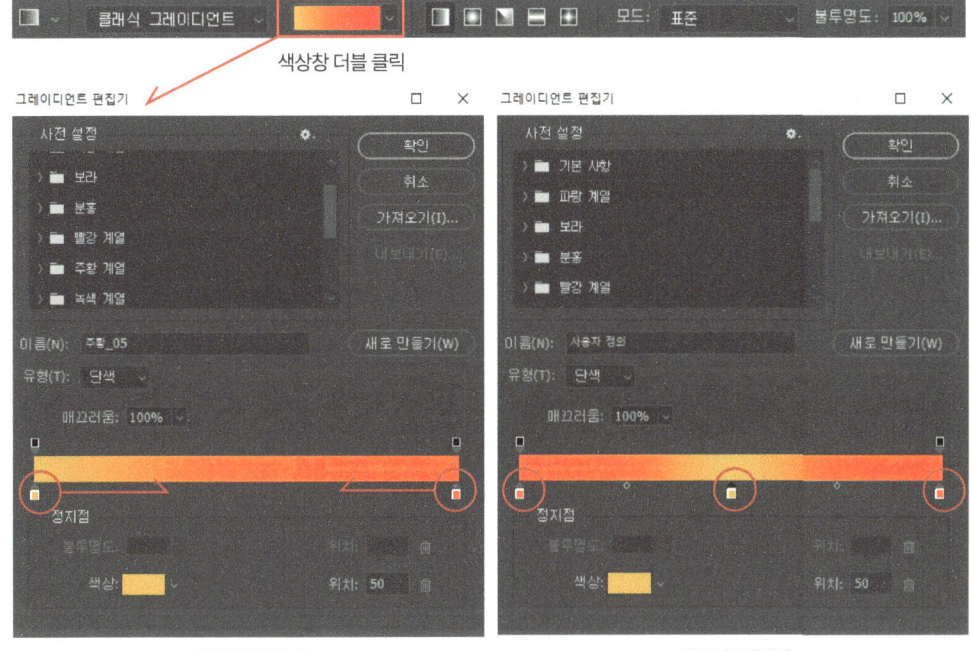

설정 전 편집기   설정 후 편집기

17.

레이어 1을 선택 후, 검정색 박스 좌측 끝에서 우측 끝으로 드래그 하면 검정색 박스에 그레이디언트가 적용됩니다. 적용된 박스를 자유변형(Ctrl + T)을 활용해서 가로폭을 줄여줍니다.

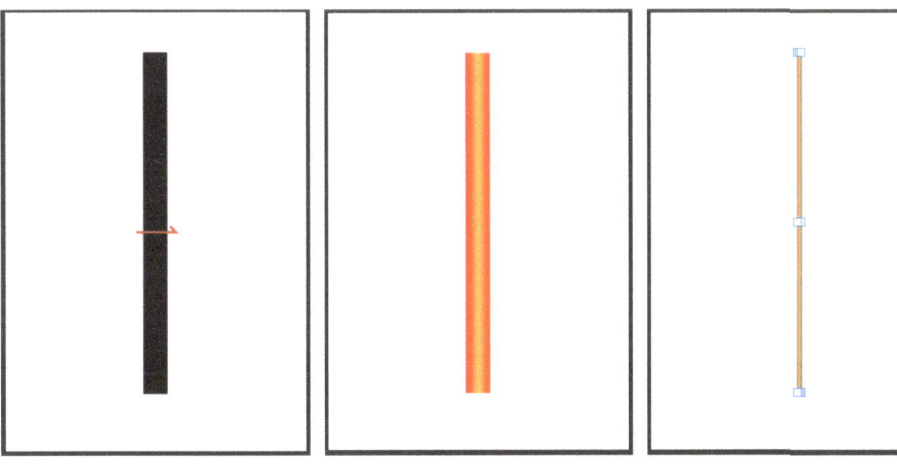

화살표 방향으로 드래그   그레이디언트 적용   자유변형(Ctrl + T) - 가로폭 줄임

18.

필터 효과를 적용하기 위해 레이어 1의 투명픽셀 잠그기를 해제(단축키 : /)하여 줍니다. 레이어 1 을 선택한 후 메뉴바 상단에 필터 / 왜곡 / 기울임 을 클릭하면 기울임 옵션상자가 나타납니다.

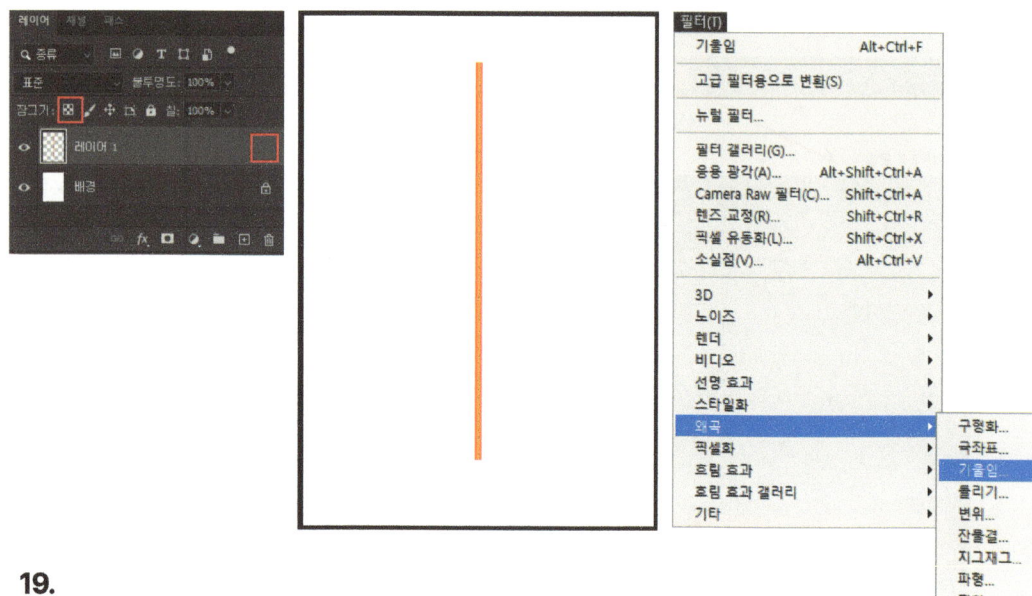

19.

기울임 옵션 대화상자에서 ①~③번 순으로 점을 추가 합니다. ①번점 좌측, ②번점 우측, ③번점 좌측으로 드래그하여 아래 그림과 같이 W자로 만들어 줍니다. 아래 미리보기 창에서 기존 사각형 박스가 W자로 왜곡된 것을 볼 수 있습니다.

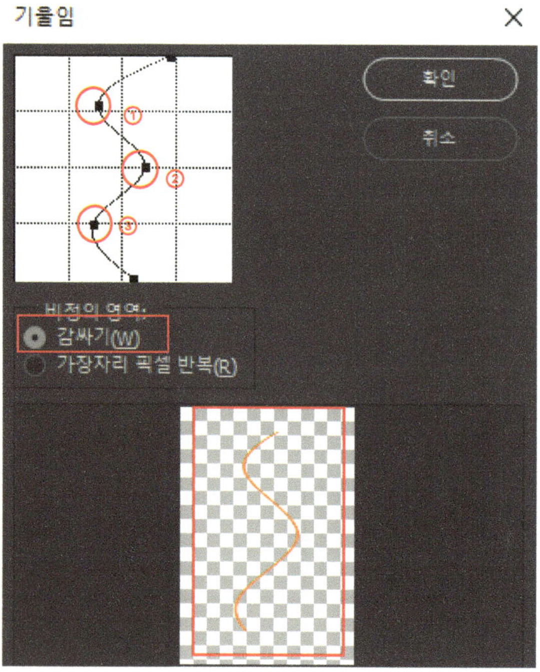

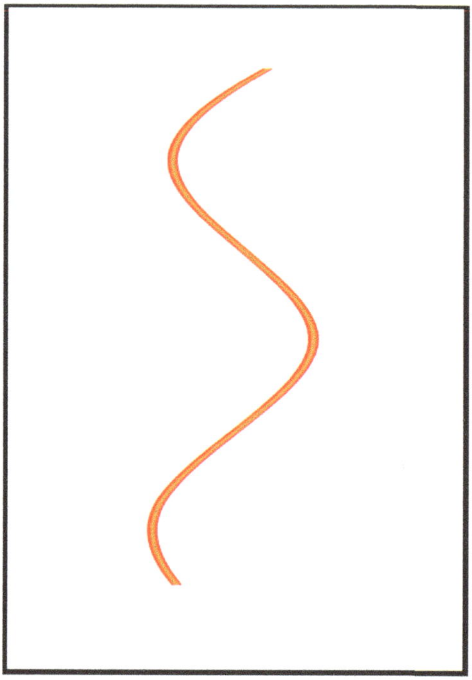

20.

레이어 1 을 선택합니다. 전체선택(Ctrl + A)한 후 복사(Ctrl + C)를 합니다. 기존 작업문서의 신발이미지(레이어 3복사)레이어를 선택한 후 붙여넣기(Ctrl + V)를 합니다. 레이어 명을 라인으로 변경해 줍니다. 라인레이어를 선택합니다. 자유변형(Ctrl + T)을 실행합니다. 자유변형에서 회전 및 크기를 아래 ①번이미지와 같이 조정해줍니다.

①

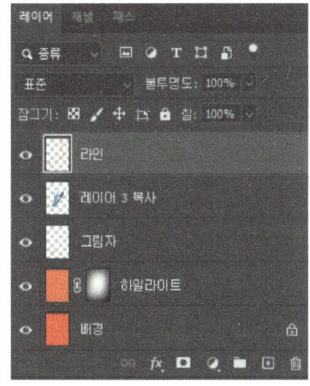

자유변형을 적용할 경우 바운딩 박스에 마우스를 올린 후 Ctrl 키를 누른 상태에서 바운딩 박스의 꼭지점을 움직이면 개별적으로 으로 움직일 수 있습니다.

p.115 참고

21.

위 ①번이미지와 같이 조정해준 다음 마우스를 바운딩 박스 안으로 위치시킨 다음 우측 버튼을 클릭 후 항목 중 뒤틀기를 선택합니다. 마우스를 바운박스 안의 사각형 면 부분을 클릭 드래그하여 아래 이미지처럼 조정해 줍니다.

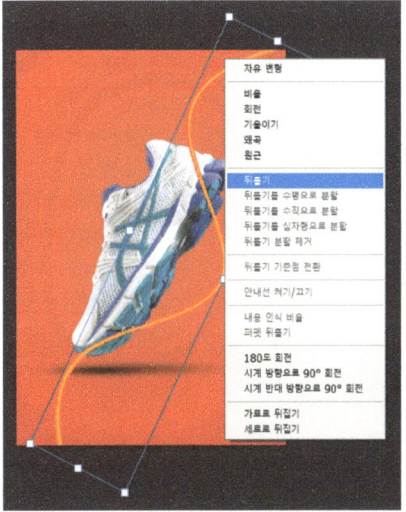 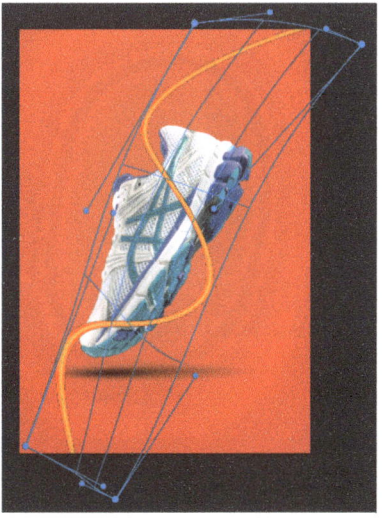

22.

라인레이어 마스킹을 위해 브러시 세팅을 해줍니다. 브러시 툴  을 선택한 후 마우스 우측 버튼을 클릭하여, 브러시 크기(58 ~ 60픽셀), 경도 : 68 ~ 72% 사이 값을 설정, 브러시 색상은 전경색을 검정색으로 설정합니다.

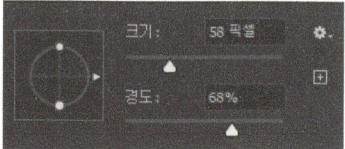

브러시 옵션 불투명도 100% 설정

라인레이어를 선택한 후 레이어 패널 아래 레이어 마스크 아이콘  을 클릭을 하면 라인 레이어에 흰색 마스크 레이어가 생성됩니다. 마스크레이어를 선택 후 검정색 브러시(지 워짐)로 라인을 마스킹(아래이미지 빨간색 동그라미 부분) 해줍니다.

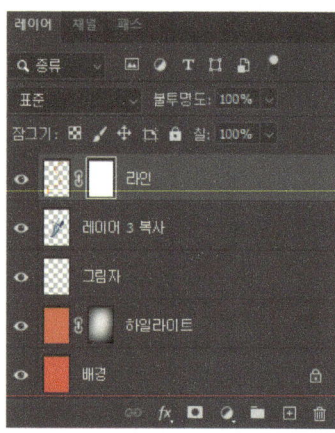

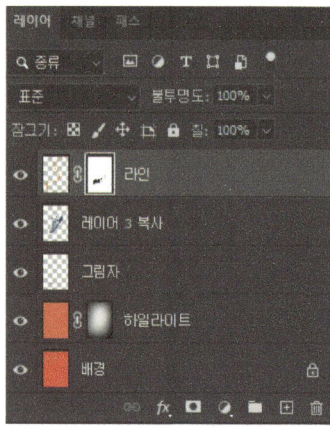

라인레이어의 마스킹의 경우 마우스로 신발레이어(레이어 3 복사 레이어)썸네일을 Ctrl 키를 누른 상태에서 클릭을 하면 신발이미지가 선택되어 집니다. 신발이 선택된 상태에서 라인레이어를 선택 후 마스킹을 하면 신발부분만 손쉽게 지울 수 있습니다.

23.

신발이미지(레이어 3 복사 2)레이어를 Ctrl + J(복사) 해 줍니다. 레이어 3 복사 2레이어 명을 신발이미지로 변경하고 복제된 레이어 명을 신발 그림자로 변경해 줍니다. 레이어의 위치는 신발이미지 레이어 아래에 신발그림자 레이어를 위치 시킵니다.

전경색을 검정색으로 설정합니다. 신발그림자 레이어를 선택 후 Alt + Shift + Delete(투명한 부분을 제외하고 전경색 채움)실행을 하면 신발 부분에만 검정색이 채워집니다.

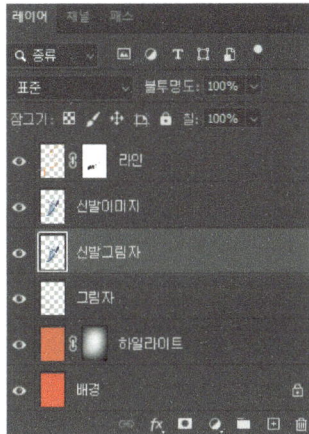 

그림자 표현하기전 브러시 세팅을 해야합니다. 브러시 옵션 대화상자에서 마스킹 작업에 적합한 브러시로 세팅을 해줍니다. 브러시 툴 선택 후 마우스 우측버튼 클릭, 브러시 크기(650 ~ 750 픽셀 정도)설정, 경도 값(브러시 가장자리의 흐림의 정도)은 0% 값을 설정합니다. 브러시 모양은 정원 모양으로 설정합니다. 상단 브러시 옵션에서 브러시의 불투명도는 10 ~ 20% 사이의 값으로 설정 해줍니다.

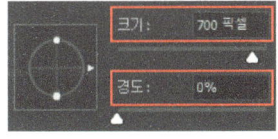 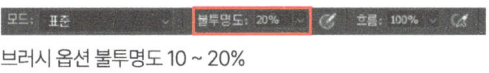

브러시 옵션 불투명도 10 ~ 20%

24.

신발그림자 레이어를 선택합니다. 상단 메뉴바 필터 / 흐림효과 / 가우시안 흐림 효과를 클릭합니다. 옵션대화 상자에서 반경을 80px을 입력합니다. 레이어 패널 아래 레이어 마스크 아이콘 을 Alt 키를 누른채 클릭을 합니다(레이어 마스크가 검정색으로 채워지며 그림자레이어 이미지가 가려짐). 신발그림자 레이어의 뒷부분에 그림자만 나타나게 마스킹을 합니다.

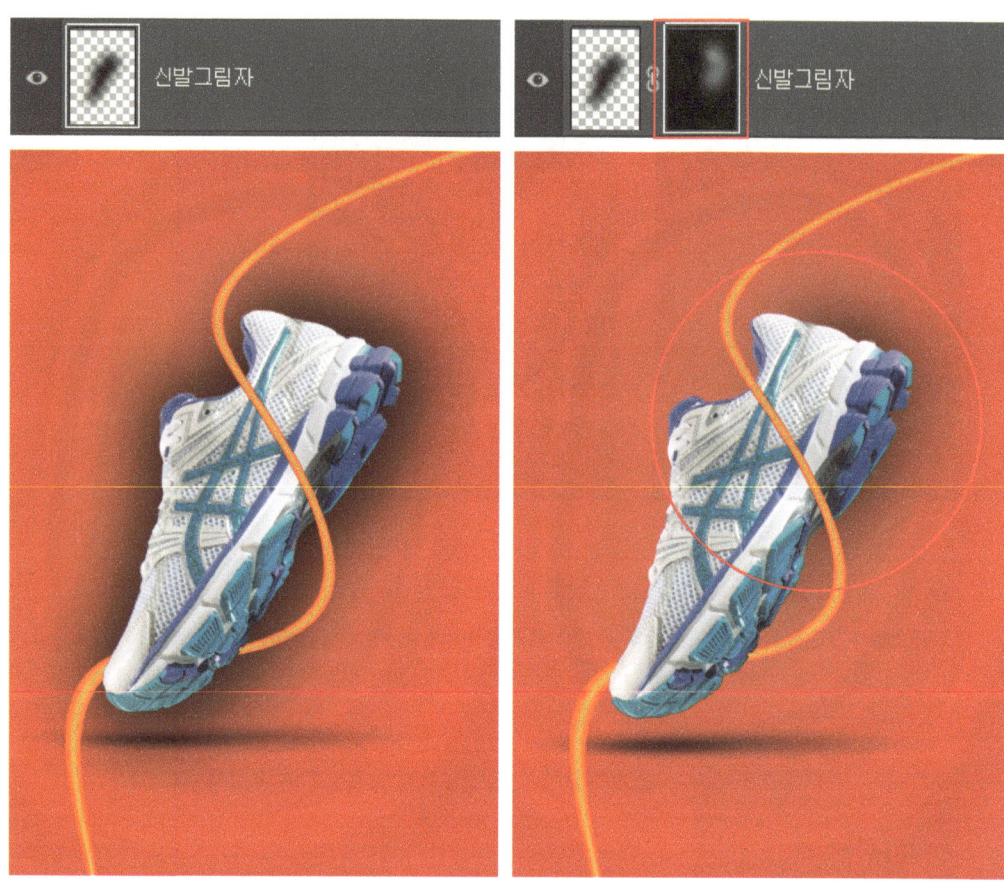

25.

그림자 레이어를 선택합니다. 툴박스 에서 문자툴 아이콘 을 선택합니다. 클릭을 한 후 영문 ASICS를 입력 후 Ctrl + Enter 실행하면 문자 입력이 적용됩니다. 문자레이어를 선택 후 자유변형(Ctrl + T)을 이용해 시계방향으로 90도 회전(시계방향)을 해줍니다. 문자의 설정은 서체 : 프리텐다드 블랙, 서체 크기 : 180pt, 자간 : 0 으로 입력합니다.

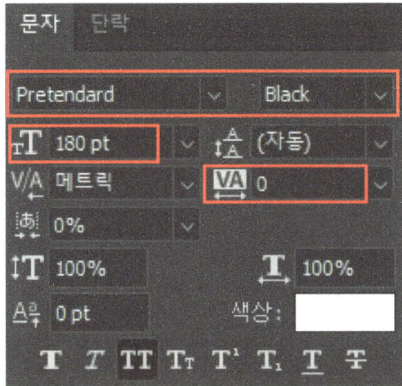

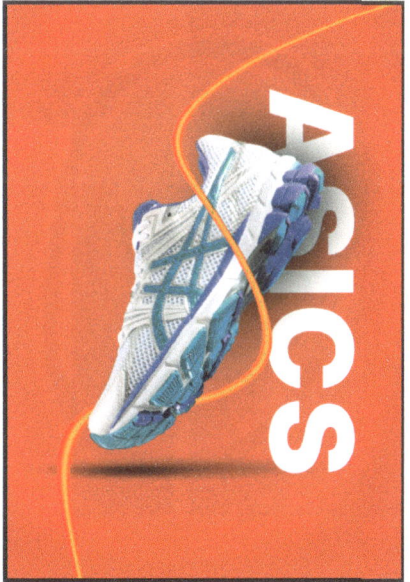

26.

배경에 들어갈 ASICS 영문을 투명한 텍스트로 만들어 보겠습니다. 파일 / 새로만들기 클릭, 새로운 문서 만들기 대화상자 에서 A4 사이즈 (가로 210 mm 세로 297mm) 해상도 150 dpi 색상모드는 RGB를 지정 후 새로운 문서를 만듭니다.

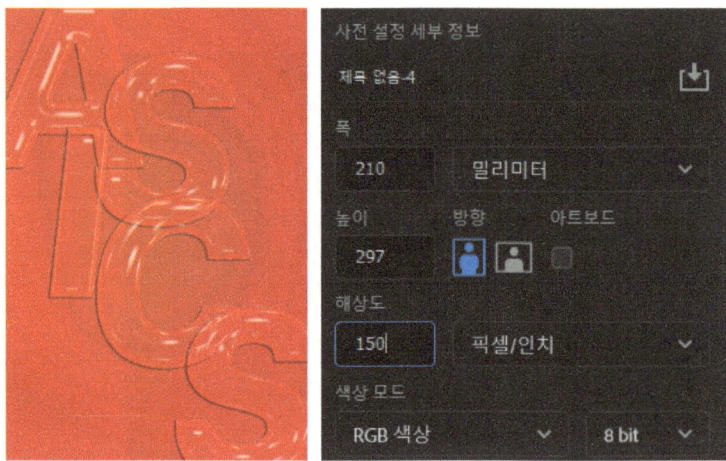

기존 새 문서 레이어에서 배경이미지 레이어와 하일라이트 레이어 2개의 레이어만 선택합니다. 레이어 위에 마우스를 올려놓은 상태에서 클릭 드래그하여 새문서 탭(제목 없음-2)으로 이동 후 Shift키를 누른 상태에서 마우스 클릭을 해제합니다. 그러면 배경레이어와 하일라이트레이어 가 중앙(기존새 문서의 위치와 동일한 위치에 배치됨)으로 배치 됩니다.

2개의 레이어만 선택할 경우에는 먼저 하나의 레이어를 선택 후 Ctrl 키를 누른상태에서 원하는 레이어를 선택합니다.

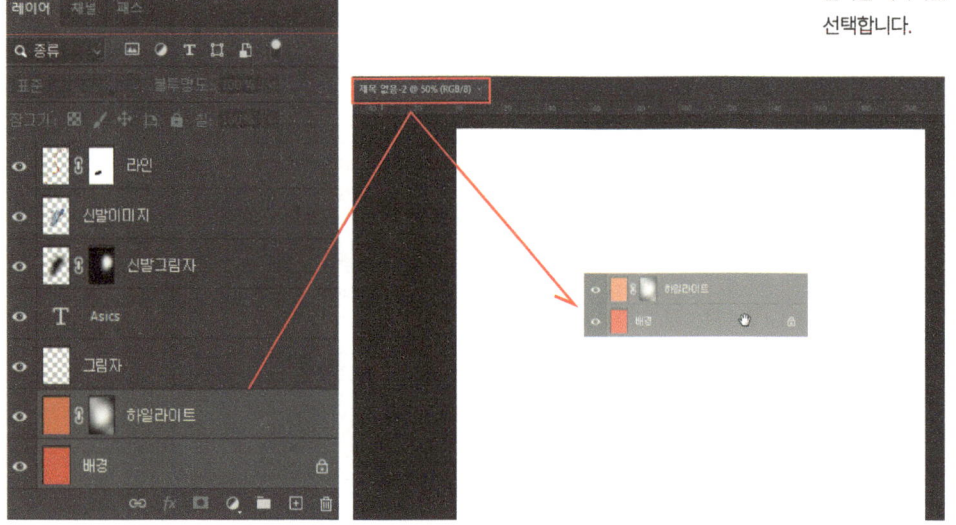

27.

하일라이트 레이어를 선택합니다. 툴박스에서 문자 도구툴 을 선택 후 대지에 클릭 한 후 대문자 A(볼드한 고딕계열 서체)를 입력합니다. 문자의 색상은 흰색으로 지정합니다. 텍스트 폰트 : 프리텐다드(블랙), 크기 : 446pt 로 설정합니다.

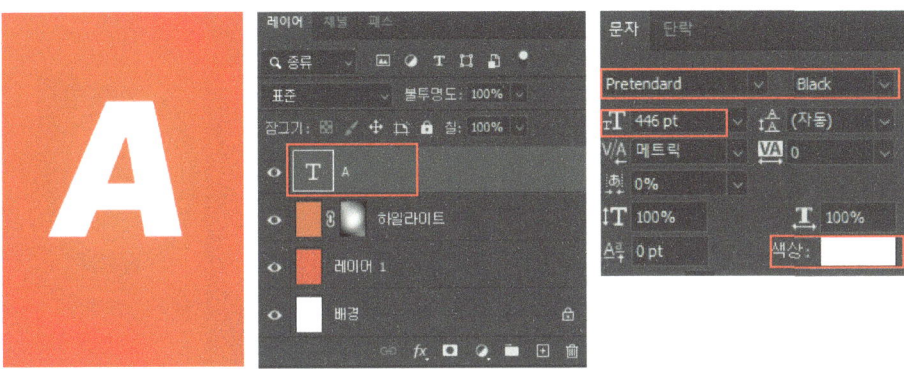

28.

문자A 레이어를 선택합니다. 레이어 위 메뉴바 칠 : 0% 입력(불투명도가 아닌 문자 A의 색상 흰색만 빼줍니다)하면 글자만 투명해집니다. 문자A 레이어의 빈공간을 클릭하면 레이어 스타일 옵션 대화상자가 열립니다.

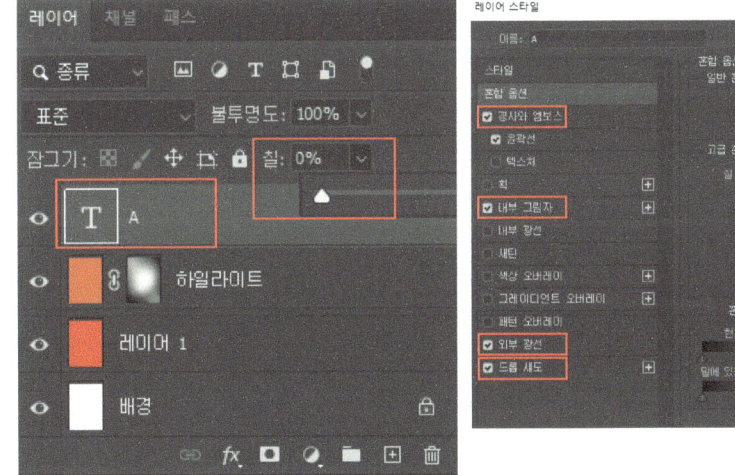

레이어 스타일 옵션 대화상자에서 경사와 엠보스, 내부 그림자, 외부 광선, 드롭 섀도 순으로 옵션 값을 설정합니다. 옵션값은 이미지마다 약간씩 다르기 때문에 적용이미지를 보면서 입력하시면 됩니다.

29.

문자A 레이어 스타일 옵션대화상자에서 ①경사와 엠보스, ②내부 그림자, ③외부 광선, ④드롭 섀도의 각 옵션 값을 입력해보겠습니다.

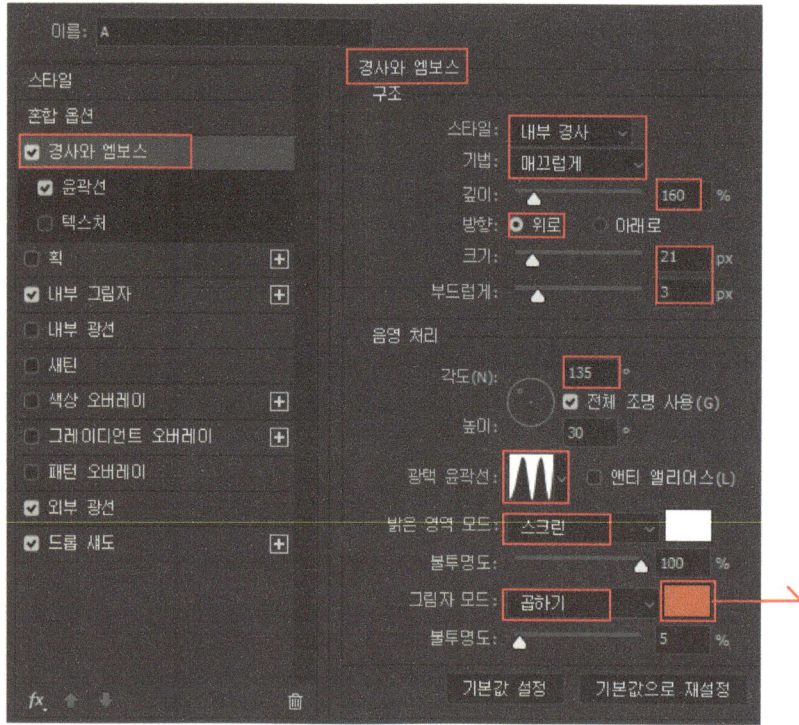

①경사와 엠보스 옵션 값 설정

오렌지 컬러의 색상 값은(# f07935) 색상 박스를 클릭하여 색상 피커 값에서 입력합니다. 가능한 하이라이트 컬러와 비슷한 색상을 입력합니다.

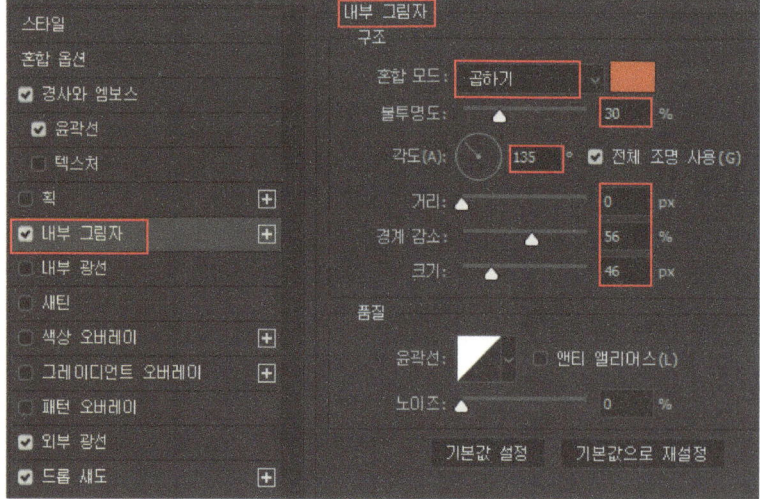

②내부 그림자 옵션 값 설정

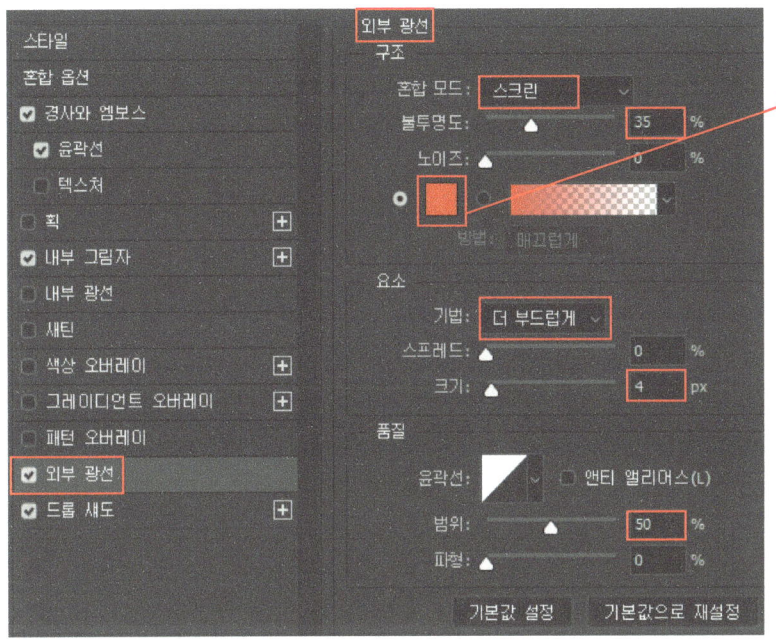

오렌지 컬러의 색상 값은(# ee3710) 색상 박스를 클릭하여 색상 피커 값에서 입력합니다. 가능한 배경색컬러와 비슷한 색상을 입력합니다.

③외부 광선 옵션 값 설정

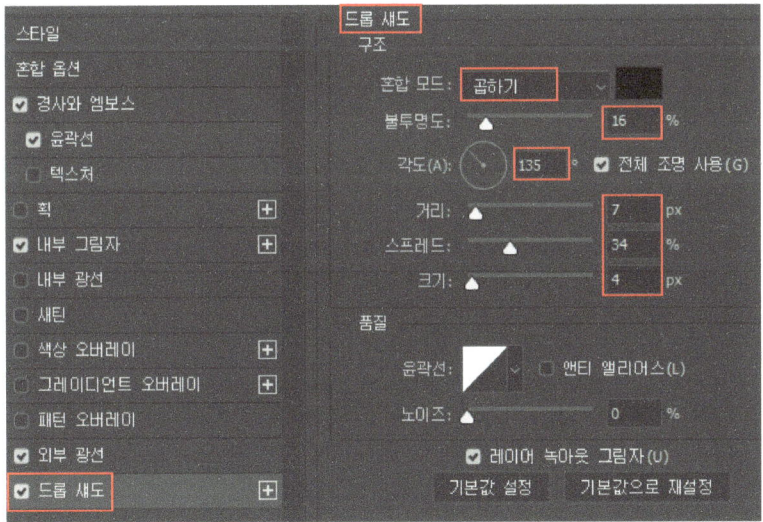

④드롭 섀도 옵션 값 설정

30.

레이어 스타일 효과를 모두 적용한 후 문자A 레이어를 선택합니다. Ctrl + J 를 눌러 문자 A 레이어를 복사하여 줍니다. 복사한 A복사 레이어의 효과(효과를 클릭하여 레이어하단 휴지통으로 드래그 합니다)만 모두 삭제하면 효과가 사라지고 텍스트만 입력된상태로 변경됩니다.

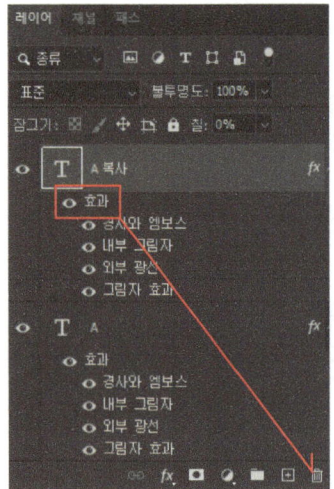
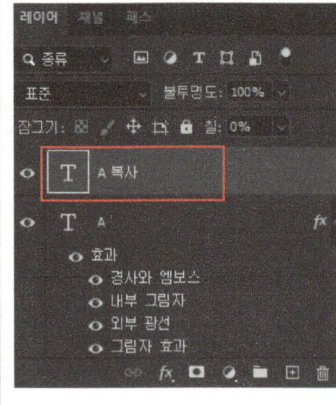

31.

A복사 레이어를 선택합니다. A복사 레이어의 빈공간을 클릭하면 레이어 옵션 대화상자를 열립니다. 경사와 엠보스의 옵션 값을 입력해보겠습니다.

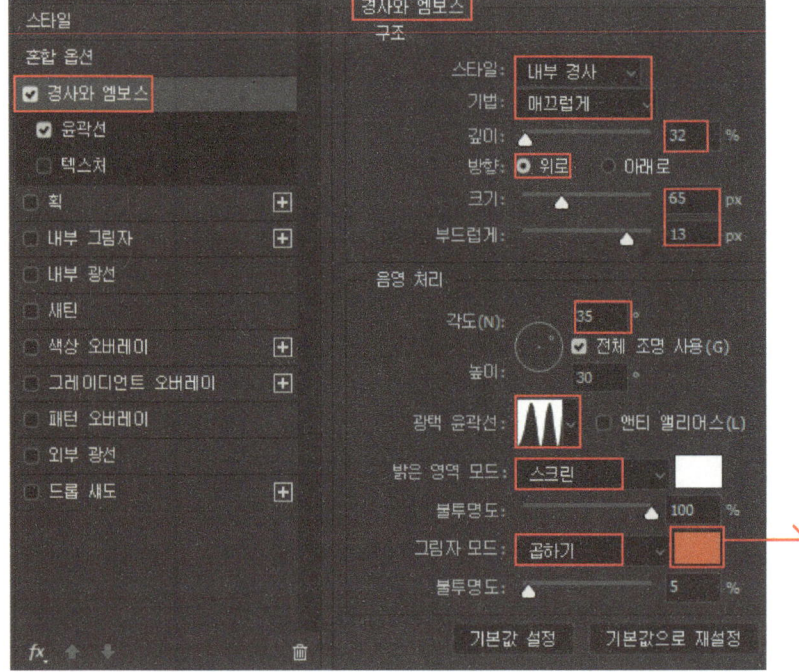

경사와 엠보스 옵션 값 설정

32.

투명이미지가 완성되었습니다. 레이어 패널에서 A복사 레이어를 선택합니다. 그 다음 Ctrl키를 누른 상태에서 A 레이어를 선택하면 A복사 레이어와 A 레이어가 선택됩니다. 선택된 상태에서 레이어 패널 아래 새 레이어 아이콘 ⊞ 으로 드래그합니다(2개의 레이어 복제).

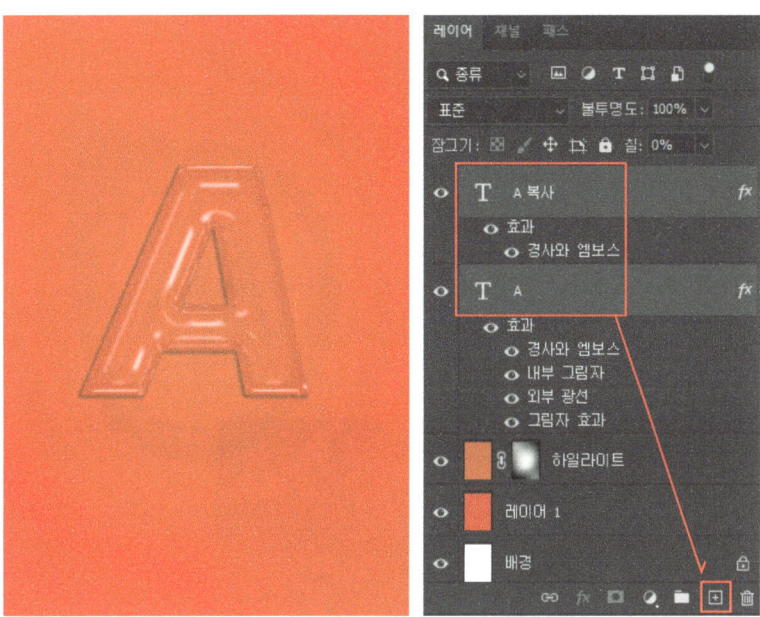

33.

복제된 A복사 레이어와 A 레이어의 문자를 ASICS(아식스)의 S로 변경하여 줍니다(아래 원본 A복사 레이어와 A레이어의 눈아이콘을 꺼주면 더욱쉽게 문자를 변경할 수 있습니다) .

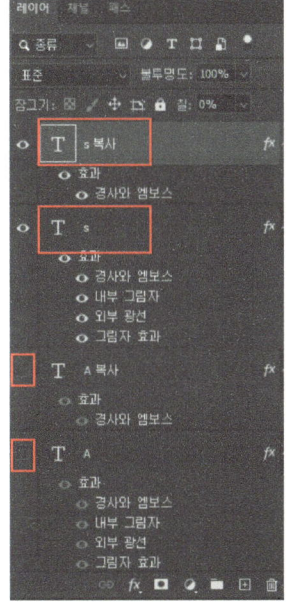

문자를 변경할 경우 문자레이어 썸네일을 더블 클릭하면 글자전체가가 블럭으로 선택되어지기 때문에 글자 수정을 쉽게 할 수 있습니다.

34.

33번과 같은 방법으로 ASICS(아식스)의 I, C, S도 변경하여 줍니다.

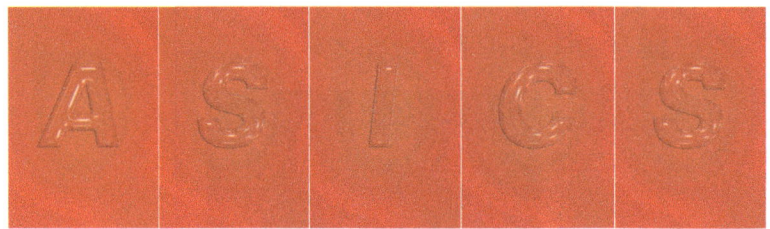

ASICS 투명 문자 완성

35.

각각의 문자레이어 영문 알파벳(2개씩)을 선택한 후 아래 이미지 처럼 크기를 자유변형(Ctrl + T)을 이용하여 크기 및 위치를 조정 해 줍니다(문자레이어의 경우 크기를 키워도 이미지해상도는 그대로 유지 됩니다.

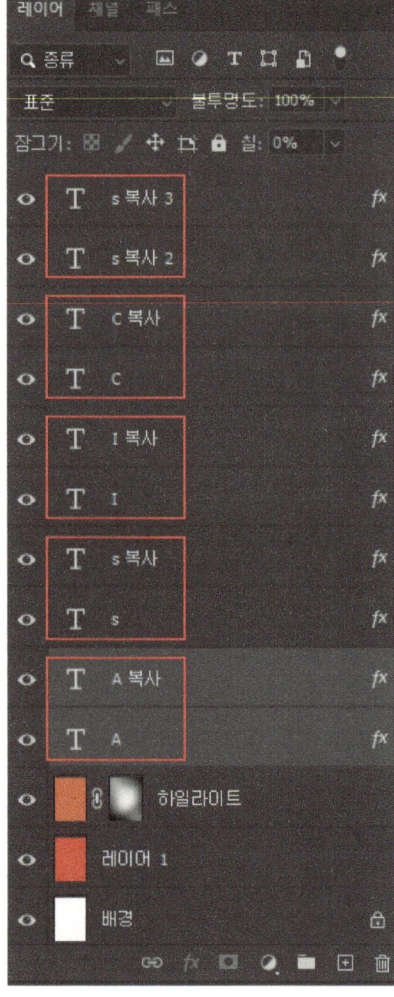

36.

수정이 완료된 후 문자레이어 눈 아이콘안 켜고 나머지 레이어의 눈아이콘을 꺼서 최종 완성된 작업을 확인합니다.

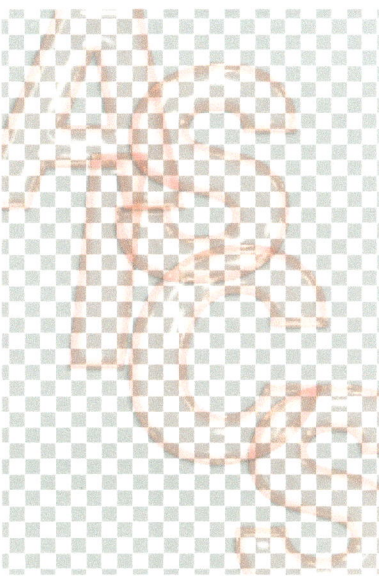

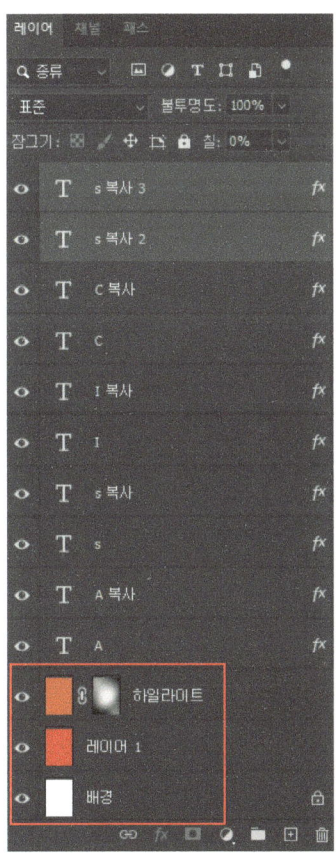
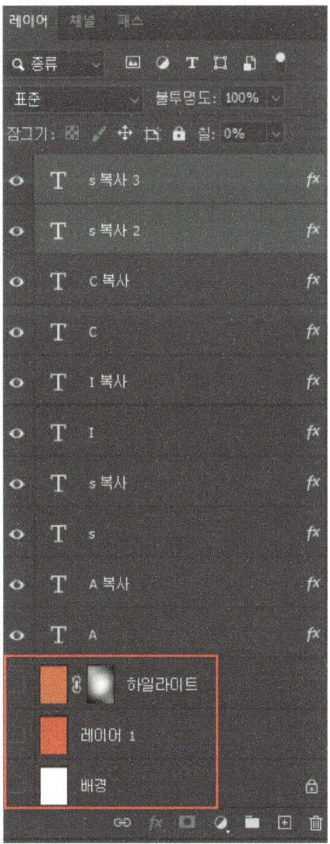

37.

A, S, I, C, S문자레이어 눈 아이콘을 켜놓은 상태에서 상단메뉴바에서 선택 / 모두(Ctrl + A)를 선택합니다. 상단메뉴바에서 편집 / 병합하여 복사((Ctrl + Shift + C)를 선택합니다.

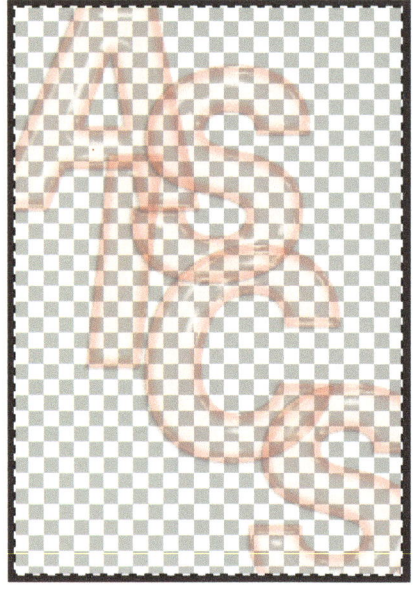
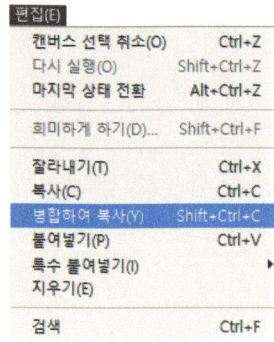

38.

작업 중인 새 문서 레이어의 하일라이트 레이어를 선택한 후 붙여넣기(Ctrl + V)를 해준 다음 레이어 명을 투명문자로 변경하여 줍니다.

39.

새 문서 레이어의 라인레이어를 선택 후 레이어 하단 새로운 레이어 만들기 아이콘 을 클릭하여 새로운 레이어를 만들어줍니다. 레이어 명을 원형 1 레이어로 변경합니다.

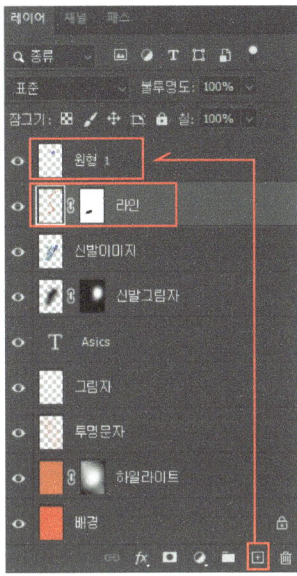

40.

원형 1 레이어를 선택한 후 툴박스에서 원형 선택툴 을 선택합니다. 신발 뒷분에 클릭 드래그 하여 원형선택영역을 만들어 줍니다.

41.

원형 1 레이어를 선택합니다. 툴 박스에서 그레이디언트 툴 을 선택합니다. 상단 옵션창에서 클래식 그레이디언트 클릭, 사전 설정 화살표를 클릭해서 보라 계열 12번째 색상을 클릭 한 후 방사형 그레이디언트 툴 을 클릭합니다.

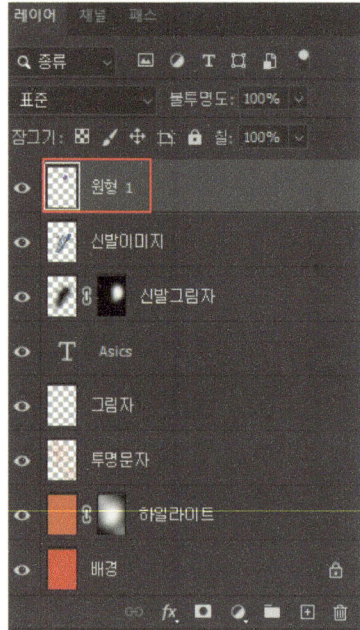

42.

상단에 있는 옵션바에서 그레이디언트창 을 클릭하면 그레이디언트 편집기 대화 상자가 열립니다. 아래 이미지 그레이디언트 설정 전 편집기에서 오른쪽 보라색 정지점 (동그라미 안)을 클릭해서 중앙으로 이동 합니다. 그 다음 Alt키를 누른 상태에서 왼쪽 끝 보라색 정지점 (동그라미 안)을 왼쪽으로 드래그하면 복사된 보라색 정지점을 왼쪽 끝에 위치 시킵니다. 아래 그림 설정 후 편집기와 똑같은지 확인합니다.

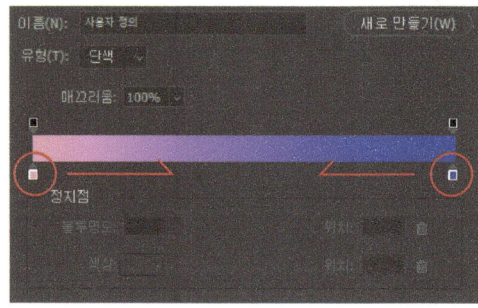   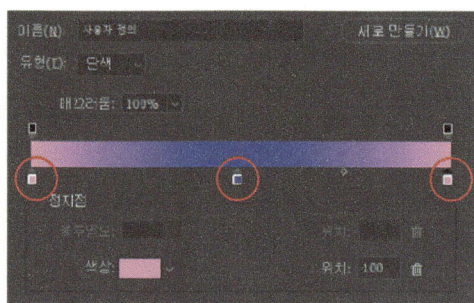

설정 전 편집기   설정 후 편집기

43.

새문서의 이미지에서 원형 1 레이어를 선택한 후 원형으로 선택된 부분에 그라데이션을 클릭, 드래그하여 보라계열의 그라데이션을 만들어 줍니다. 완성 후 선택해제(Ctrl + D)를 해 줍니다.

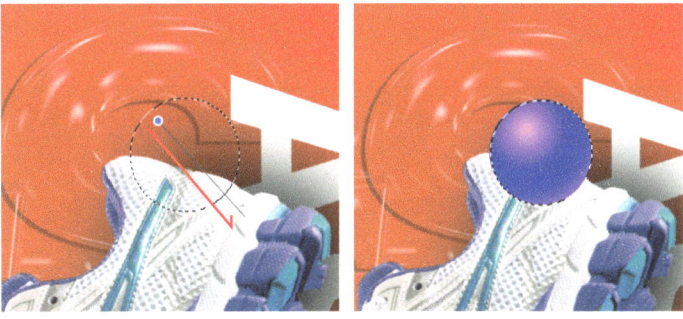

44.

새문서의 이미지에서 원형 1 레이어를 선택한 후 Ctrl + J(레이어 복사)를 2번하여 총 3개의 원형을 아래 이미지와 같이 이동하여 줍니다. 레이어 명을 원형 2, 원형 3 레이어로 변경해줍니다.

45.

원형 3개의 원근감을 주기 위해 원형의 크기와 색상을 변경해줍니다.

원형 1 레이어를 선택한 후 Ctrl + T(자유변형)를 이용하여 크기를 줄여줍니다.

원형 2 레이어를 선택한 후 Ctrl + T(자유변형)를 이용하여 크기를 키워줍니다.

원형 3 레이어를 선택한 후 레이어위치를 신발그림자 레이어 아래로 이동해줍니다..

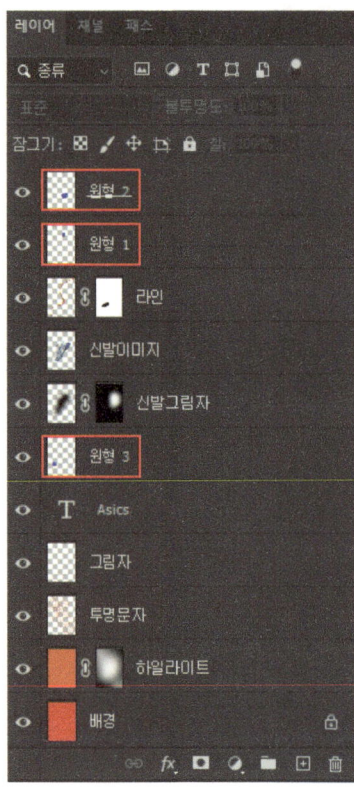

46.

원형 3개의 색상을 변경합니다. 원형 1 레이어를 선택한 후 레이어 하단의 조정레이어를 클릭하여 색조 채도를 선택합니다. 원형 1 레이어만 색상을 변경하기위해 하단에 있는 클립 아이콘 을 클릭(원형 1 레이어에만 적용됨)합니다. 그 다음 색조 채도 대화상자에서 색조 채널만 이동하여 이미지의 색상을 보면서 색상을 변경하여 줍니다.

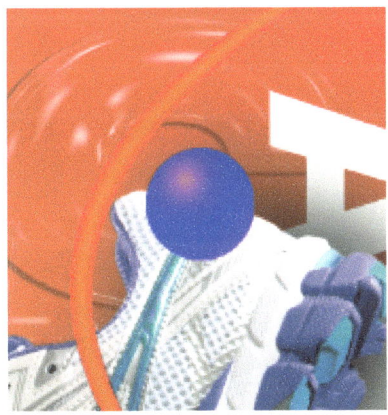
색상 편집 전

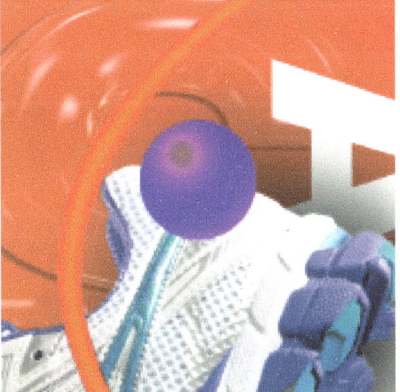
색상 편집 후

47.

원형 2, 원형 3도 원형 1 을 수정한 방법(46번)과 동일한 방법으로 색상을 변경하여 줍니다. 색상의 변경은 41번, 42번에서 설명한 그레이디언트 사전 설정을 다르게 하여 색조 채도를 조정하여도 됩니다.

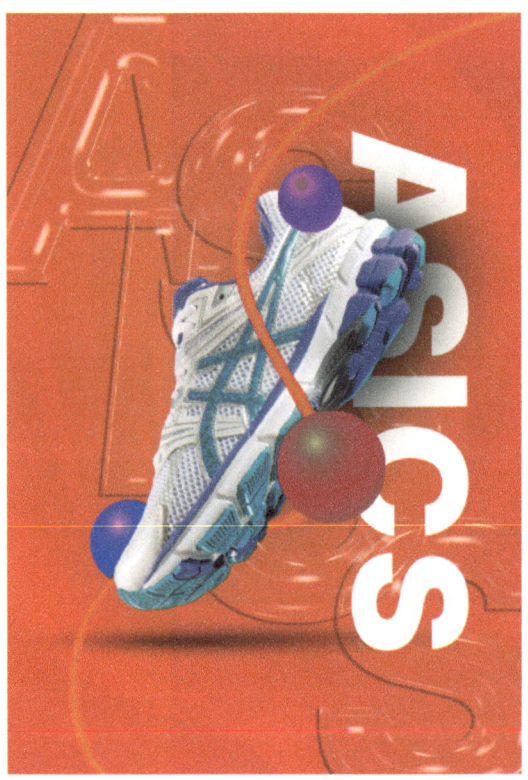

48.

신발이미지의 밑창 부분을 조금 어둡게 해주기 위해서 신발이미지 레이어를 Ctrl + J를 눌러 레이어를 복제합니다. 복제 후 레이어 명을 신발 밑창 레이어로 변경해줍니다. 신발밑창 레이어를 선택합니다. 레이어 블랜딩 모드에서 색상 번을 선택합니다. 결과는 이미지가 어두어 진걸 알 수 있습니다. 신발 밑창 레이어의 불투명도를 30 ~ 40%정도 조정하여 신발밑창 부분의 어두운 강도를 낮춰줍니다.

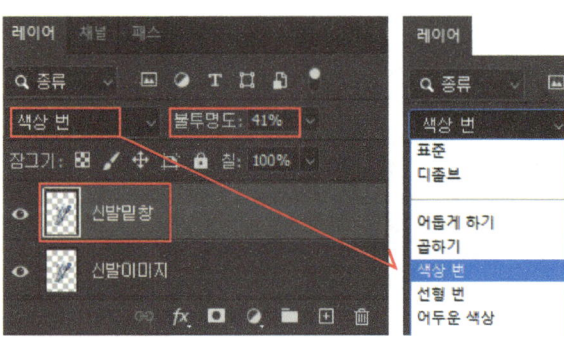

49.

신발밑창 레이어의 신발바닥 부분만 어둡게 마스킹을 해줍니다. 마스킹 전 브러쉬 세팅을 위해 브러쉬 ✏ 툴 선택 후 마우스 우측 버튼 클릭, 브러쉬 크기 : 500 ~ 600px, 경도 : 0% 설정 합니다. 브러쉬 모양은 정원 모양으로 설정합니다. 상단 브러쉬 옵션에서 브러쉬의 불투명도는 15 ~ 25% 사이의 값으로 설정 합니다 (어두운 부분을 조금씩 나타내기 위함).

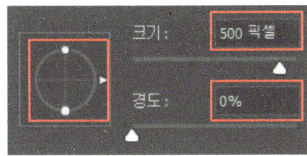
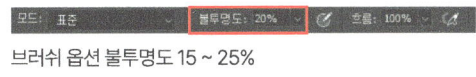

브러쉬 옵션 불투명도 15 ~ 25%

50.

브러쉬 셋팅을 마치면 신발밑창 레이어를 선택합니다. 레이어패널 아래 레이어 마스크 아이콘 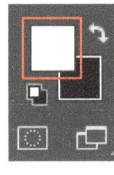 을 Alt 키를 누른채 클릭을 합니다(레이어 마스크가 검정색으로 채워지며 신발밑창 어두운 이미지가 가려짐). 신발밑창 마스킹 레이어를 선택 후 전경색은 흰색(신발밑창 어두운이미지가 나타남)을 선택합니다. 천천히 브러쉬를 이용하여 신발바닥 어두운 부분을 조금씩(20%) 나타나도록 클릭을 반복 합니다.

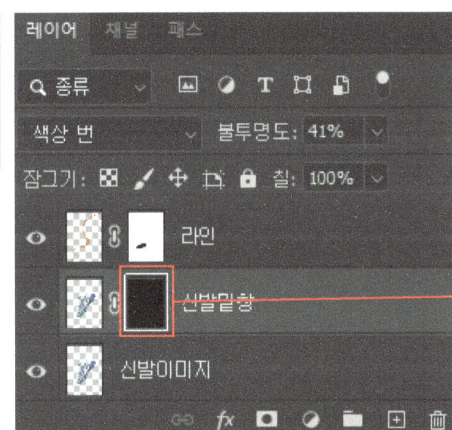
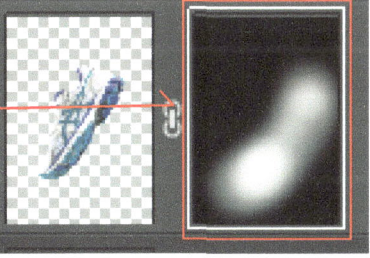

마스킹 전　　　　　　　　　마스킹 후

51.

포스터에 들어갈 문자를 입력하기 위해 제일 위에 위치하고 있는 색조 채널 1 레이어를 선택합니다. 문자를 입력하면 선택된 레이어 위에 문자레이어가 생성됩니다. 먼저 마우스를 클릭하여 영어 소문자 asics sports 문자를 입력합니다(문자 입력 후 Ctrl + Enter 또는 Esc 키를 누르면 문자가 완성됩니다). 그 다음 클릭 도메인주소 www.asics.com을 입력합니다(문자 입력 후 Ctrl + Enter 또는 Esc키를 누르면 문자가 완성됩니다). 완성된 문자는 아래의 이미지와 같이 Ctrl + T(자유변형)을 이용하여 포스터의 가이드선을 기준으로 우측상단과 아래측 중앙 부분에 위치시켜 줍니다.

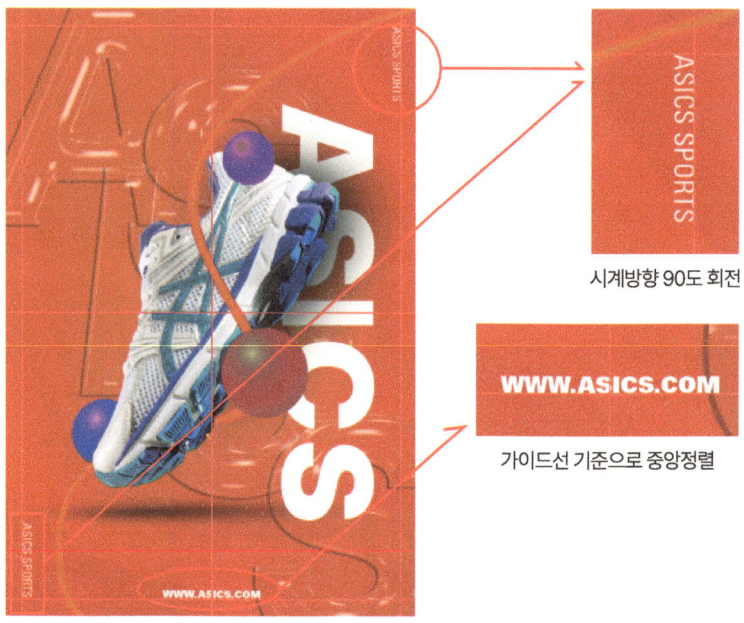

시계방향 90도 회전

가이드선 기준으로 중앙정렬

asics sports
의 문자는 입력
후 Ctrl + J
(레이어복제)
를 눌러 복제한
후 좌측 하단
으로 이동 시켜
줍니다.

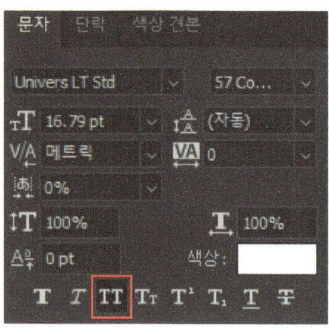
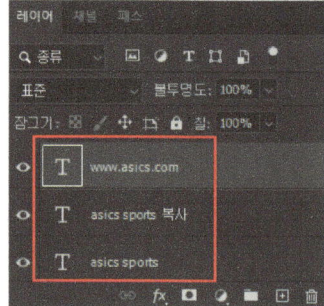

asics sports
폰트 Univers LT
Std 57
크기 16 ~ 20pt

www.asics.com
폰트 Univers LT
Std 85
크기 15 ~ 20pt

문자의 경우 영문은 소문자로 입력하더라도 문자 옵션창에서 대문자 아이콘 TT 을 클릭하면 소문자가 대문자로 변경됩니다. 폰트는 Univers LT Std 폰트를 사용하였지만 폰트가 없는 경우에는 고딕계열 폰트를 사용하시면 됩니다.

52.

마지막으로 ASICS 로고를 배치하도록 하겠습니다. ② 아식스로고 파일을 열어 이미지를 살펴보면 배경색과 글자색이 단색으로 색상의 대비가 높은것을 알 수 있습니다. 배경레이어를 선택합니다. 이러한 경우 색상범위를 활용하면 매우 간단하게 내가 원하는 색상을 선택할 수 있습니다. 상단의 메뉴바에서 선택 / 색상범위를 선택합니다. 아래 이미지와 같이 순서대로 ① 스포이드 도구를 클릭합니다. ② 작업창의 이미지에서 로고의 색상을 클릭 하면 색상범위 옵션창에 선택 색상이 흰색으로 보여집니다. ③허용량을 100 ~ 140 사이값을 입력한 후 확인을 클릭합니다.

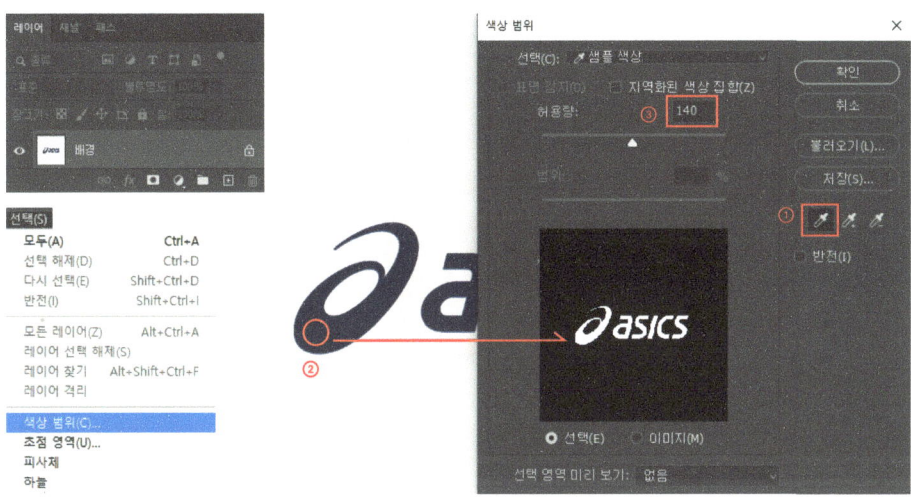

53.

ASICS 로고만 선택되었습니다. 선택된 상태에서 Ctrl + J 를 실행하여 ASICS로고를 복제해줍니다. 배경레이어 눈아이콘을 꺼주면 문자만 추출된것을 알 수 있습니다.

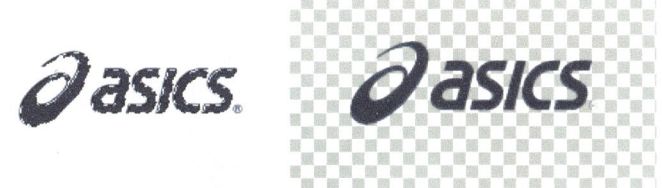

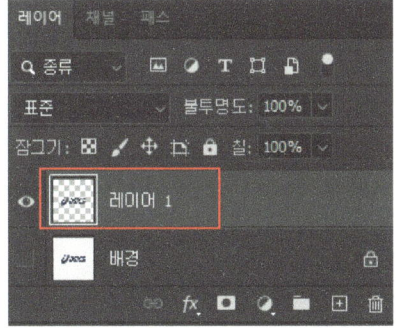

레이어 1을 선택합니다. Ctrl+A(전체 선택)를 실행하여 레이어 전체를 선택 후 Ctrl+C(복사) 를 하여 줍니다.

54.

새 문서(작업창)에서 문자 레이어(www.asics.com)를 선택한 후 Ctrl + V(붙여넣기)를 실행합니다. ASICS 로고 레이어가 나타납니다. 레이어명을 로고 레이어로 변경하여줍니다. 로고 레이어를 선택 후 색상을 흰색으로 변경하여 줍니다(전경색을 흰색으로 지정한 후 Alt +shift + Delete를 실행하면 투명한 부분을 제외한 문자 부분만 색상이 흰색으로 채워집니다).

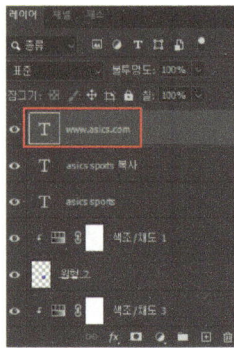

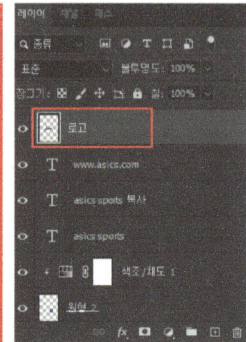

55.

로고 레이어를 선택 후 Ctrl + T(자유변형)를 실행시켜 크기를 줄인 후 포스터의 좌측 상단 가이드 선에 물리게 위치 시켜줍니다.

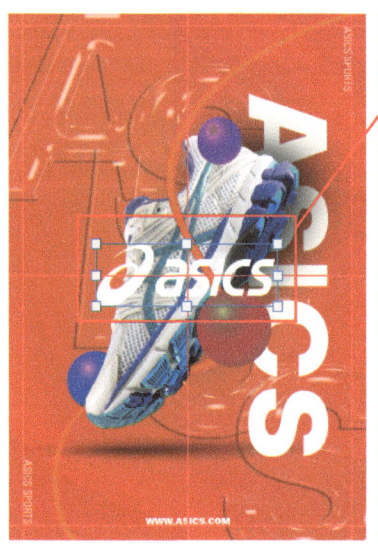
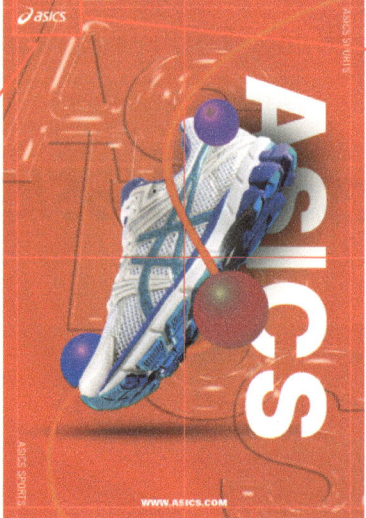

56.

로고 레이어를 선택한 후 레이어패널 하단에 새로운 레이어 아이콘 을 클릭하여 새로운 레이어를 만들어 줍니다. 레이어 명을 사각형레이어로 변경해줍니다. 툴박스에서 사각형 선택툴 을 선택합니다. 우측상단 ASICS SPORTS 문자 아래로 클릭, 드래그 하여 라인 형태의 사각형을 만들어 줍니다. 전경색이 흰색으로 변경 후 Alt + Delete(전경색 채우기)를 실행하여 전경색(흰색)을 채워줍니다.

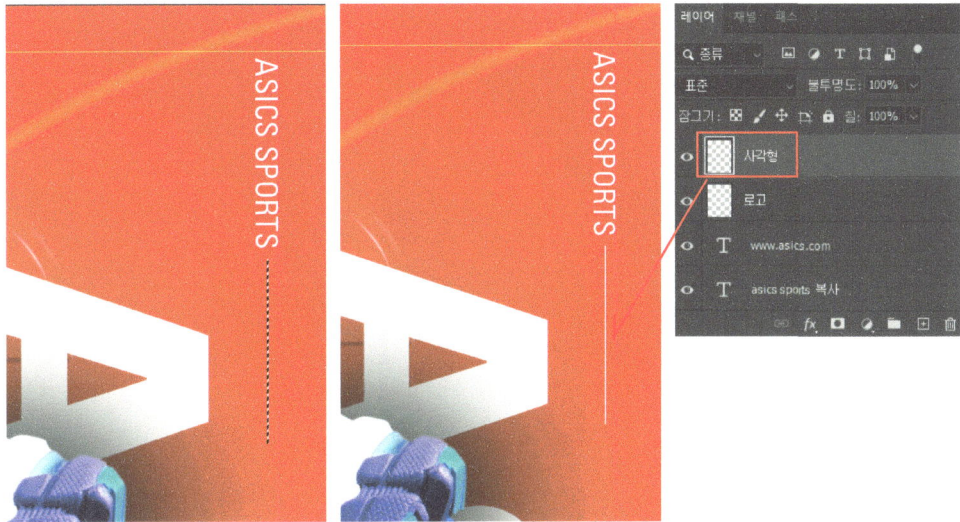

57.

사각형 레이어를 선택 후 Ctrl + J(레이어 복제)를 실행하여 레이어를 복제해 줍니다. 레이어 명을 사각형 2 레이어로 변경해줍니다. 포스터 좌측 하단 ASICS SPORTS 문자 위로 배치하여 최종적 마무리 합니다.

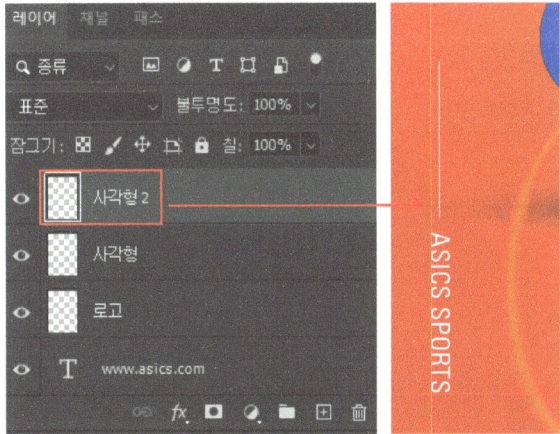

58.

포스터 이미지의 중심에 있는 문자 ASICS 단어 중 CS를 원형(레드)앞으로 나오도록 해보겠습니다. 문자레이어의 경우 부분적으로 글자를 자를 수 없기 때문에 ASICS문자 레이어를 이미지화 시켜서 분리하도록 하겠습니다. ASICS문자 레이어를 선택한 후 Ctrl + J를 실행하여 ASICS문자 레이어를 복사하여 줍니다. 레이어 명을 ASICS이미지로 변경하여 줍니다. 문자레이어가 이미지레이어로 변경됩니다(썸네일의 T 문자가 없어짐). 아래의 ASICS 문자 레이어의 눈 아이콘을 꺼줍니다.

59.

ASICS 이미지 레이어를 선택합니다. 툴박스의 사각형 선택 툴 을 선택합니다. ASICS의 영어단어 중 CS부분만 클릭 드래그하여 선택합니다. 선택 후 Ctrl + X (잘라내기)를 실행한 후 Ctrl + V(붙여넣기)를 실행하면 CS글자만 새로운 레이어로 분리됩니다. 레이어명을 CS로 변경한 후 CS레이어를 원형2 레이어와 색초 채도 레이어 위로 옮겨줍니다.

 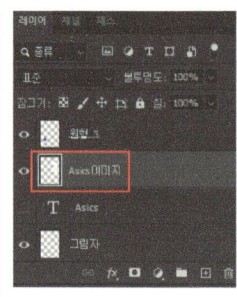 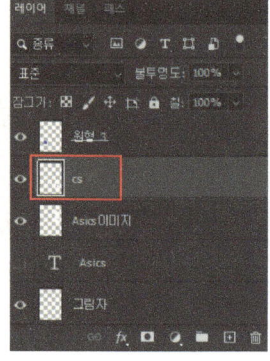 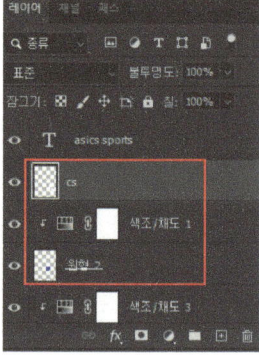

Ctrl + X(잘라내기)   Ctrl + V(붙여넣기)   CS레이어 위치 이동

60.

CS 레이어를 원형2레이어와 색초 채도 레이어 위로 옮겨 원형 위로 CS글자가 배치되어 아식스포스터가 최종 완성되었습니다.

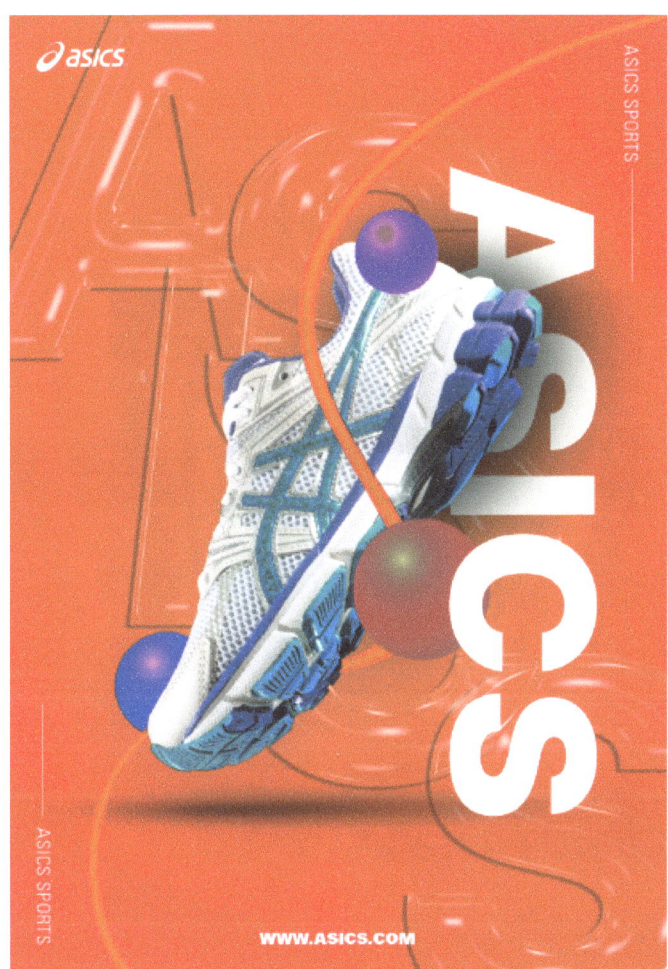

완성 이미지

PART 03
실습예제 13.

스캔라인 효과

동작 흐림 효과, 필터갤러리, 그래픽 펜, 하프톤 패턴, 그레인효과
소스파일 : ① 여성이미지, ② 종이이미지

①

②

01.

파일 / 새로만들기 클릭, 새로운 문서 만들기 대화상자 에서 A4 사이즈 (가로 210 mm 세로 297mm) 해상도 150 dpi 색상모드는 RGB를 지정 후 새로운 문서를 만듭니다. (단, 옵셋 인쇄의 경우 해상도 300dpi / 색상모드 CMYK)

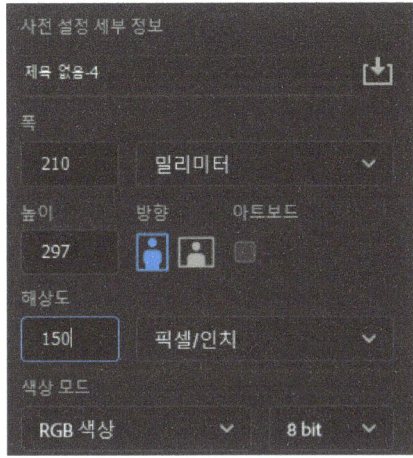

02.

예제 소스 파일(①여성이미지.jpg)을 엽니다. 전체 선택(Ctrl + A)후 복제(Ctrl + C)합니다. 작업파일(새로 만든 A4 파일)에 붙여넣기(Ctrl + V)를 하여줍니다. 레이어 명을 여성이미지로 변경한 후 고급개체(스마트 레이어)레이어로 변경하여 줍니다. 여성이미지 레이어를 2번 복제(Ctrl +J)합니다. 그 다음 여성이미지 복사 2레이어의 눈아이콘을 끄줍니다. 그리고 여성이미지 복사레이어를 선택하여 줍니다.

일반레이어를 고급객체(스마트 레이어)의 변경은 마우스를 레이어위에 위치한 후 우측 버튼을 클릭 후 고급 개체로 변환을 클릭하면 됩니다.

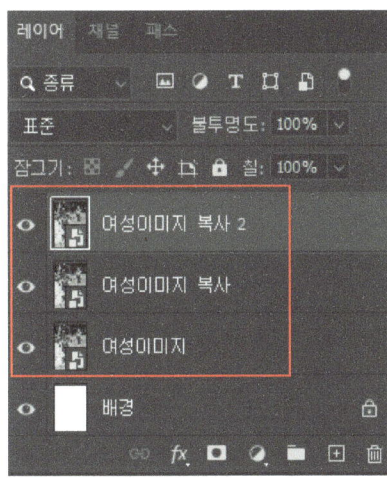
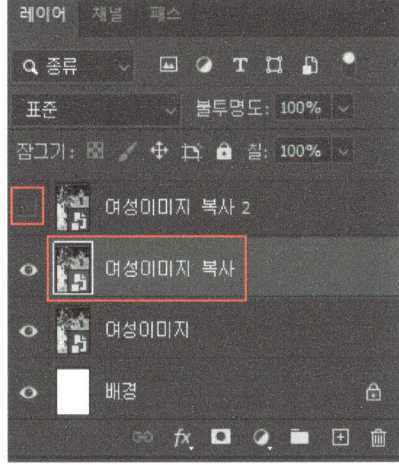
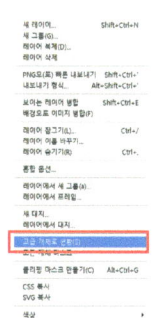

03.

여성이미지 복사레이어를 선택한 상태에서 상단 메뉴바에서 필터 / 흐림 효과 / 동작 흐림 효과를 선택합니다. 동작 흐림 효과 옵션창에서 각도 0도(수평), 거리 400 픽셀 로 입력합니다.

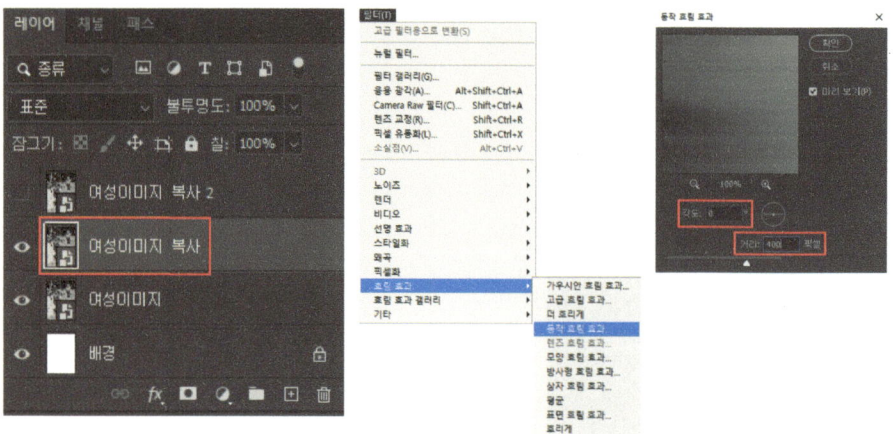

04.

이미지가 동작 흐림 효과의 적용으로 흐릿하게 변했습니다. 여성이미지 복사 레이어를 선택한 상태에서 레이어 하단 레이어 마스크 아이콘 을 클릭하여 레이어 마스크를 생성해 줍니다. 툴박스에서 브러시 툴 을 선택합니다. 상단 브러시 옵션 패널에서 브러시 옵션을 크기 400 ~ 500 픽셀, 경도 0%, 불투명도 30% 로 설정합니다.

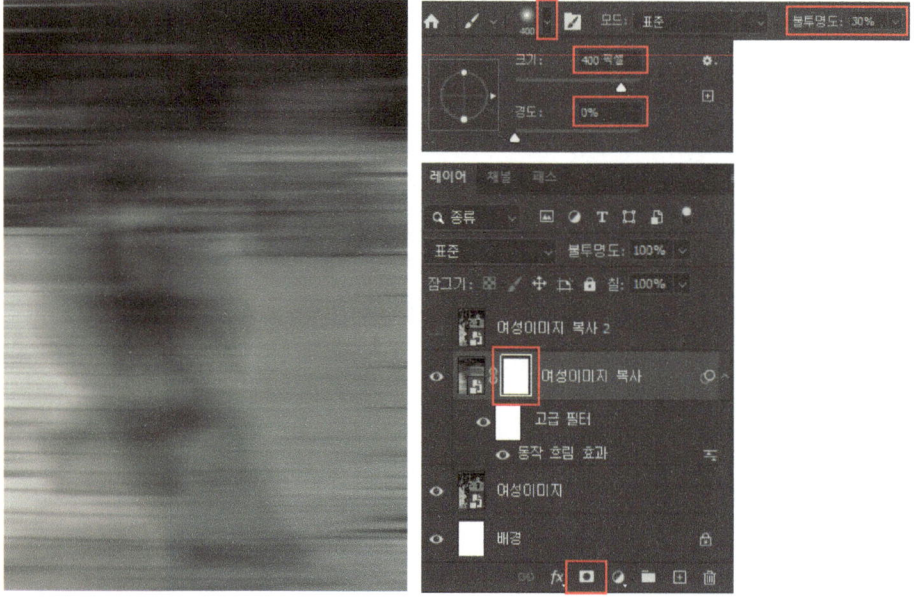

05.

브러시 옵션이 끝난 후 전경색을 검정색으로 지정한 후 동작흐림효과가 적용된 여성이미지 복사 레이어의 앞모습 부분만 마스킹(지워줌)을 해줍니다.

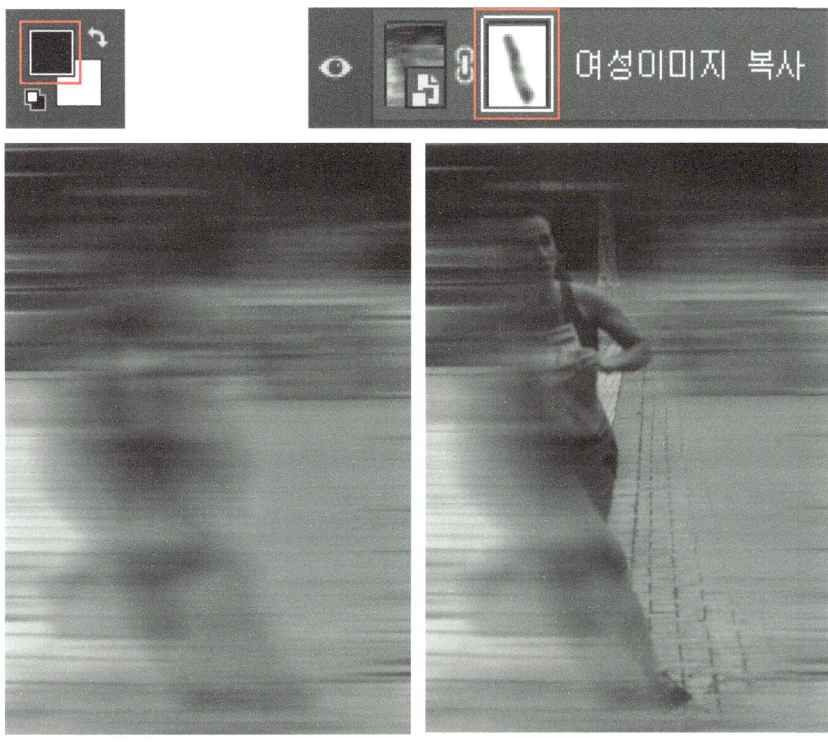

06.

여성이미지 복사2 레이어를 선택한 상태에서 상단 메뉴바에서 필터 / 흐림 효과 / 동작 흐림 효과를 선택합니다. 동작 흐림 효과 옵션창에서 각도 0도(수평), 거리 700 픽셀 로 입력합니다.

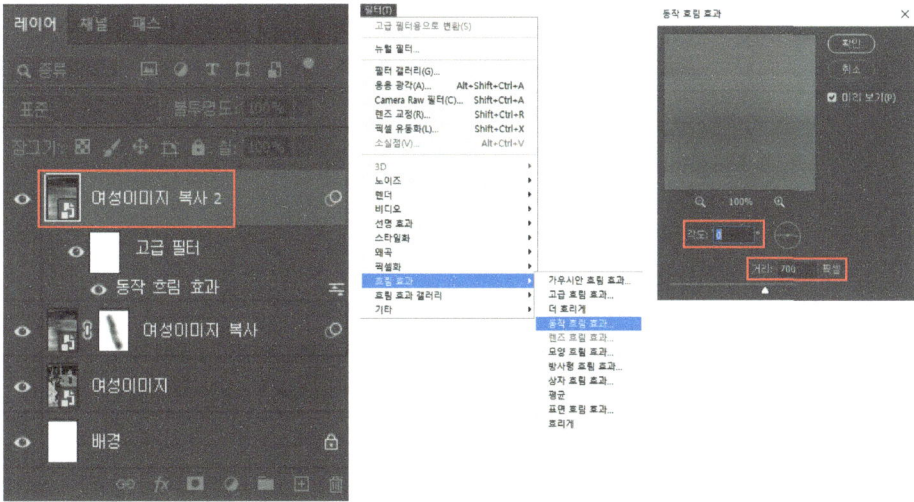

07.

이미지가 동작 흐림 효과의 적용으로 흐릿하게 변했습니다. 여성이미지 복사 2 레이어를 선택한 상태에서 레이어 하단 레이어 마스크 아이콘 을 클릭하여 레이어 마스크를 생성해 줍니다. 툴박스에서 브러시 툴 을 선택합니다. 상단 브러시 옵션 패널에서 브러시 옵션을 크기 400 ~ 500 픽셀, 경도 0%, 불투명도 30% 로 설정합니다.

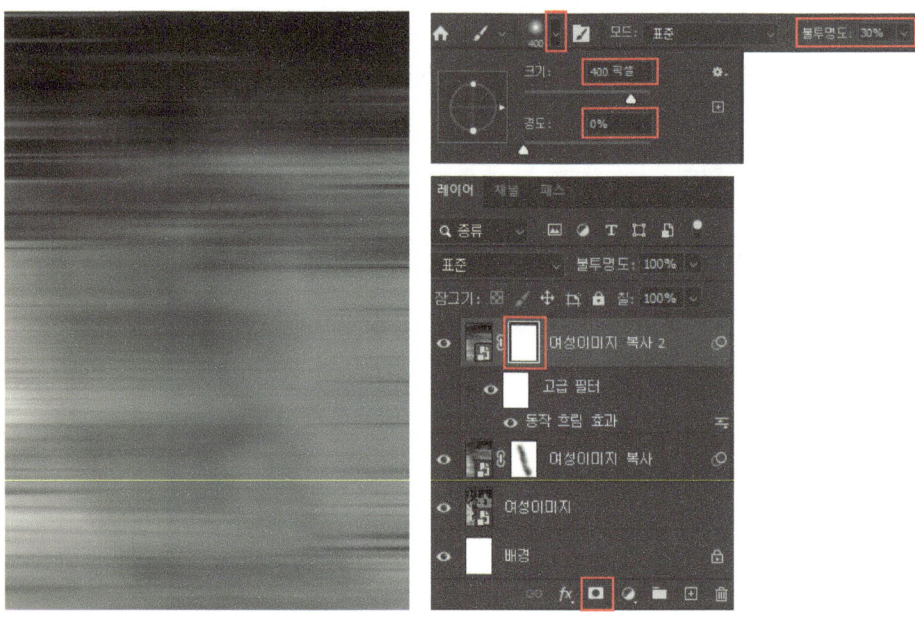

08.

브러시 옵션이 끝난 후 전경색을 검정색으로 지정한 후 동작흐림효과가 적용된 여성이미지 복사 2 레이어의 앞모습 부분만 마스킹(지워줌)을 해줍니다.

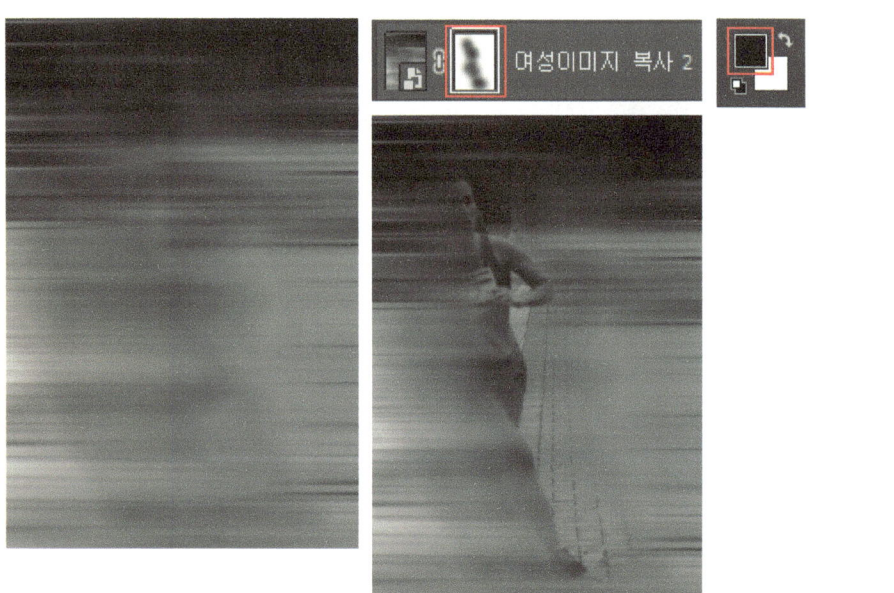

09.

여성이미지 레이어를 선택한 상태에서 레이어 하단 레이어 마스크 아이콘 을 클릭하여 레이어 마스크를 생성해 줍니다. 툴박스에서 브러시 툴 을 선택합니다. 여성이미지 레이어의 뒷모습 부분만 마스킹(지워줌)을 해줍니다.

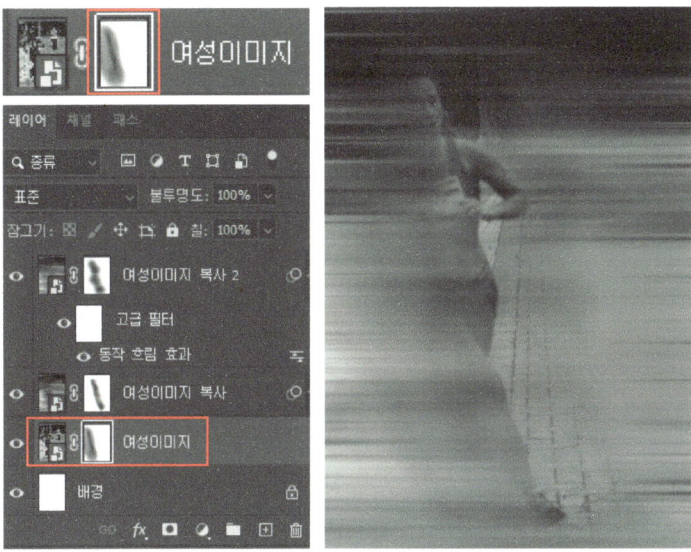

10.

여성이미지 레이어, 여성이미지 복사 레이어, 여성이미지 복사 2 레이어 를 모두 선택합니다(Ctrl 키를 누른 상태에서 레이어를 하나씩 선택하면 3개의 레이어를 선택할 수 있습니다). 3개의 레이어를 선택 후 레이어 패널 하단에 있는 새그룹 아이콘 을 클릭합니다. 레이어 패널에 새로운 폴더가 생성되면서 폴더안으로 3개의 레이어가 귀속됩니다.

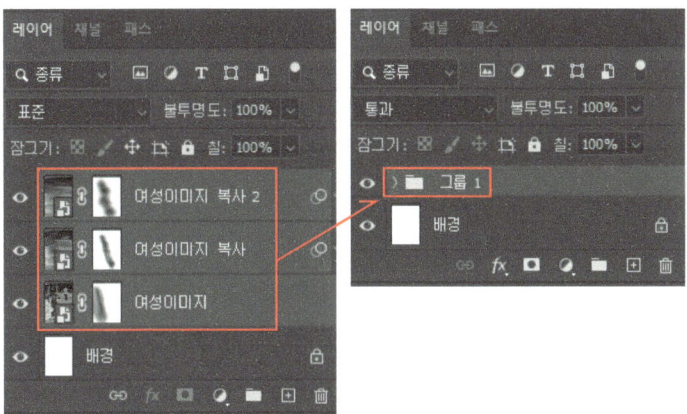

11.

새롭게 생성된 그룹 1 레이어를 선택한 후 복제(Ctrl + J)를 하여줍니다. 복제된 그룹 1 복사 레이어를 선택한다음 이미지를 병합(Ctrl + E) 하여 하나의 이미지로 만들어 줍니다. 레이어 명을 여성효과이미지레이어로 변경하여 줍니다.

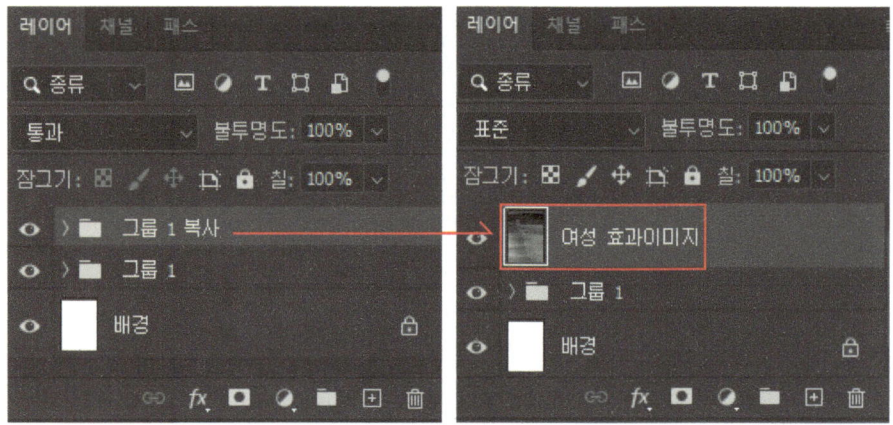

12.

그룹 1 폴더 레이어의 눈 아이콘을 끈 후 여성효과이미지 레이어를 선택합니다. 상단 메뉴바에서 필터 / 필터갤러리를 선택합니다. 스케치 효과 / 그래픽 펜을 선택 한 후 옵션에서 획 길이 2, 명암 균형 50, 획 방향 - 수평 으로 선택합니다.

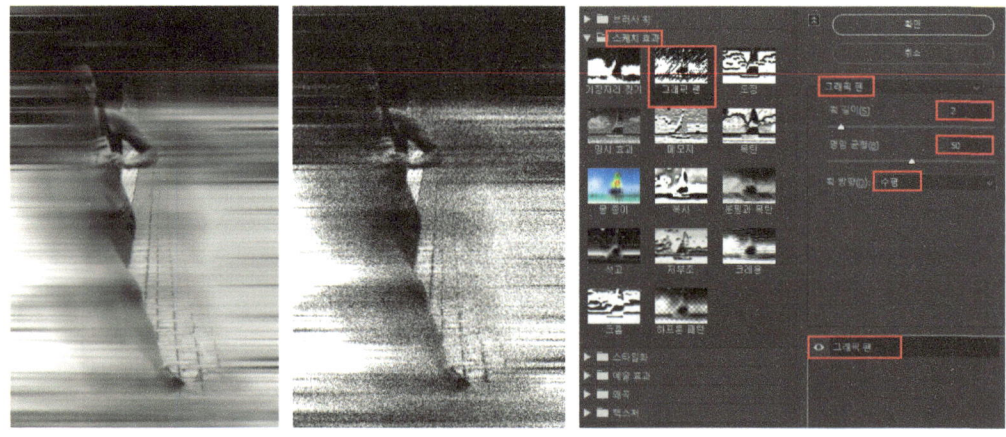

필터 적용전 이미지   그래픽 펜 적용 이미지

필터 갤러리의 효과를 적용하면 우선적으로 전경색(검정색)으로 해당 필터가 적용되며, 거기에 추가하는 다른 필터도 전경색(검정색)으로 적용됩니다. 필터를 적용하였는데 이미지가 잘 보이지 않는 경우(전경색이 흰색)는 전경색을 확인해 보시기 바랍니다.

13.

필터갤러리 창 하단에 있는 새 효과 레이어 아이콘 ⊞ 을 추가 합니다. 추가한 후 스케치효과 / 하프톤 패턴을 선택합니다. 옵션 창에서 크기 3, 대비 9, 패턴 유형 - 선 으로 설정 해줍니다.

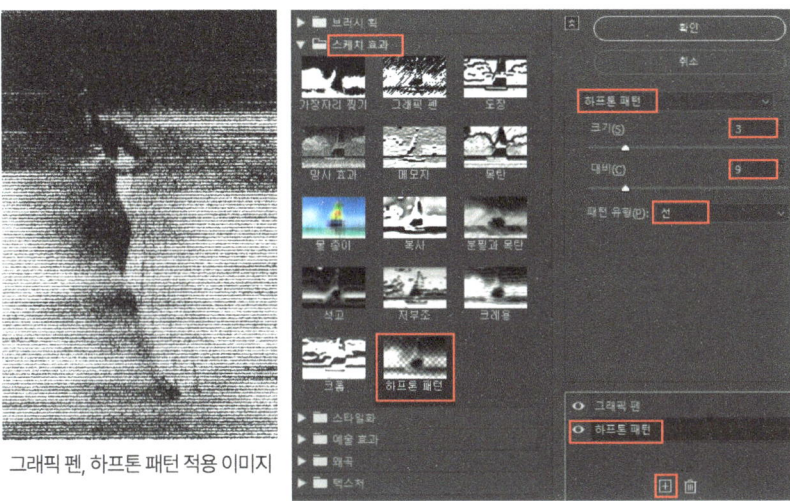

그래픽 펜, 하프톤 패턴 적용 이미지

14.

필터갤러리 창 하단에 있는 새 효과 레이어 아이콘 ⊞ 을 추가 합니다. 추가한 후 텍스처 / 그레인을 선택합니다. 옵션 창에서 강도 39, 대비 66, 그레인 유형 - 수평 으로 설정 해줍니다.

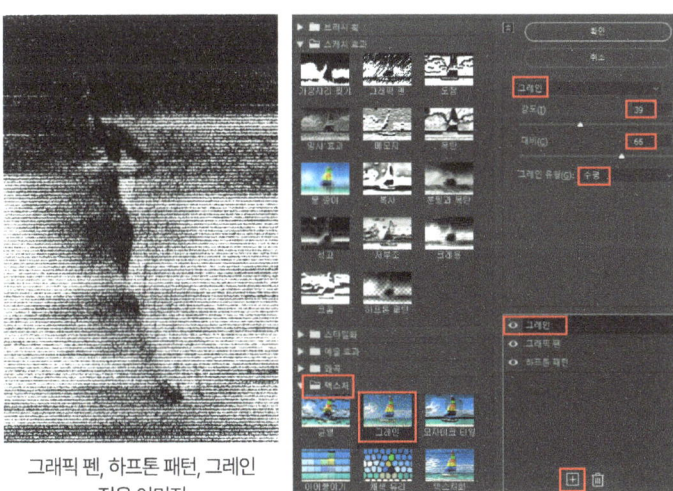

그래픽 펜, 하프톤 패턴, 그레인 적용 이미지

15.

필터갤러리 창 하단에 있는 새 효과 레이어(레인, 그래픽 펜, 하프톤 패턴)의 순서를 바꾸면 전체적인 이미지의 효과가 변경됩니다. 새 효과의 레이어는 마우스로 클릭한 후 드래그하여 위치를 변경하면 됩니다.

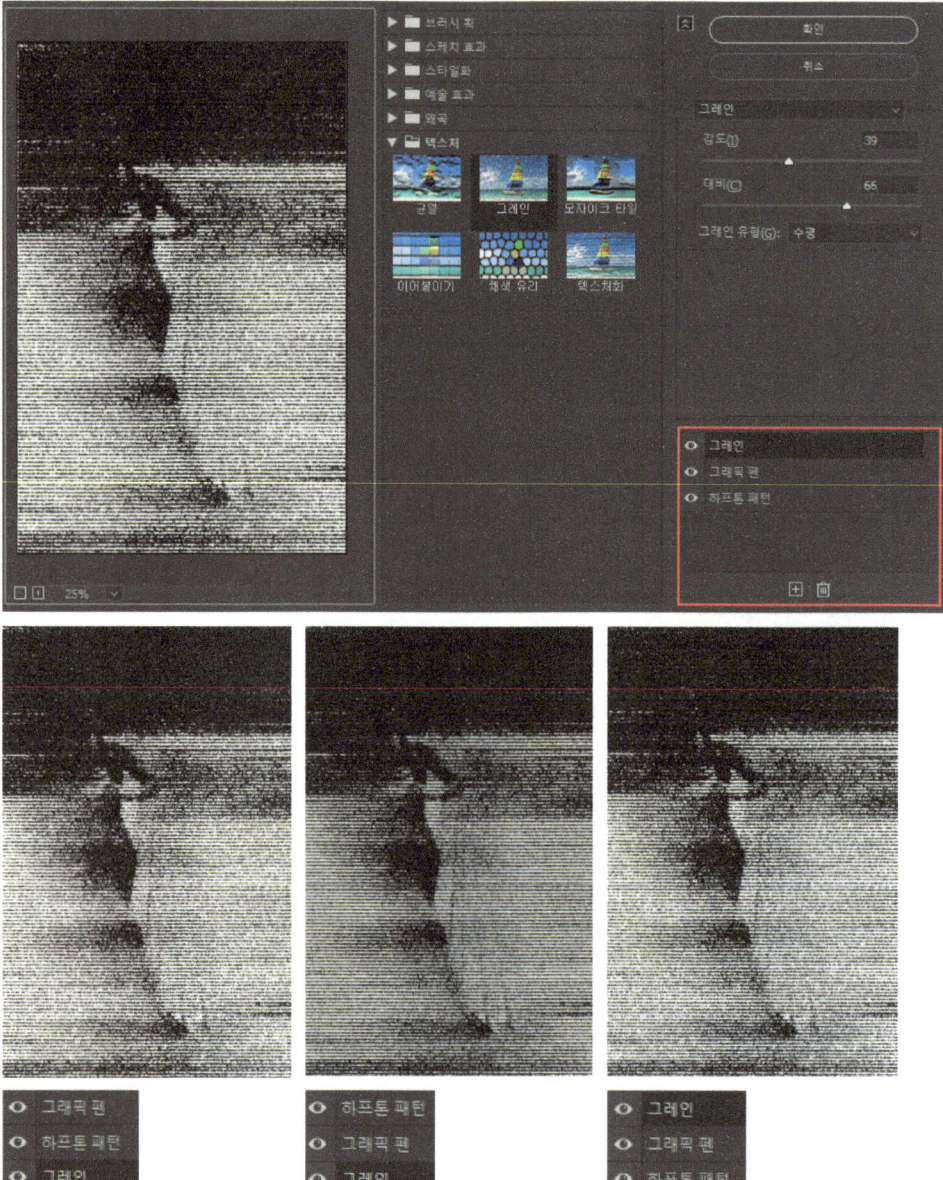

16.

최종 완성된 새 효과 레이어(그레인, 그래픽 펜, 하프톤 패턴)의 순서로 완성하였습니다. 예제 소스 파일(②종이이미지.jpg)을 엽니다. 전체 선택(Ctrl + A)후 복제(Ctrl + C)합니다. 작업파일 (새로 만든 A4 파일)에 붙여넣기(Ctrl + V)를 하여준 후 레이어 명을 종이미지로 변경하여줍니다. 여성 효과이미지를 선택한 후 레이어 블렌딩 모드를 곱하기로 지정해 준 후 마무리 합니다.

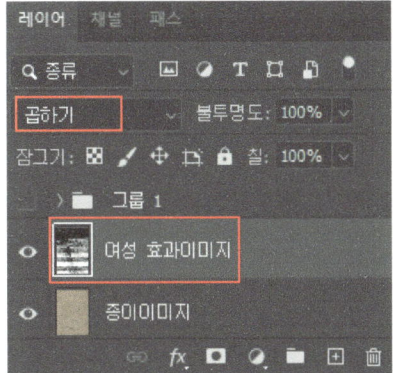

완성 이미지

그레인, 그래픽 펜, 하프톤 패턴 필터 수치를
다르게 적용한 이미지

PART 03
실습예제 14.

촛불 연기 합성

상자 흐림 효과, 그레이디언트 칠, 레이어 마스크
소스파일 : ① 양초이미지, ② 연기이미지

①

②

01.

파일 / 새로만들기 클릭, 새로운 문서 만들기 대화상자 에서 A4 사이즈 (가로 210 mm 세로 297mm) 해상도 150 dpi 색상모드는 RGB를 지정 후 새로운 문서를 만듭니다. (단, 옵셋 인쇄의 경우 해상도 300dpi / 색상모드 CMYK)

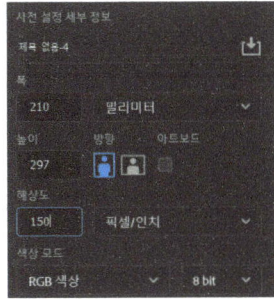

02.

작업에 앞서 먼저 새 문서에서 가이드선을 생성 해줍니다. 이유는 대지의 가장 자리에 일정한 여백과 문서의 중심을 알기 위함이며, 이렇게 설정한 가이드 선은 전체 레이아웃을 배치하는데 꼭 필요한 순서 입니다. 좌, 우, 상, 하 1cm ~ 2cm(정도의 여백을 두는 것이 일반적입니다. 특별한 경우 이외에는 노란색 부분에 이미지, 카피, 로고 등 구성요소들이 모두 포함되어야 합니다. 레이어패널의 배경레이어의 자물쇠를 클릭하여 없애줍니다. 가이드 선 생성을 위해 눈금자(Ctrl + R)를 활성화 시킵니다. 그 다음 자유변형(Ctrl + T)을 실행하면 파란색 바운딩 박스가 생성 됩니다. 바운딩 박스를 기준으로 마우스를 눈금자 위에 위치하고 클릭 후 드래그하여 가이드선을 생성해줍니다.

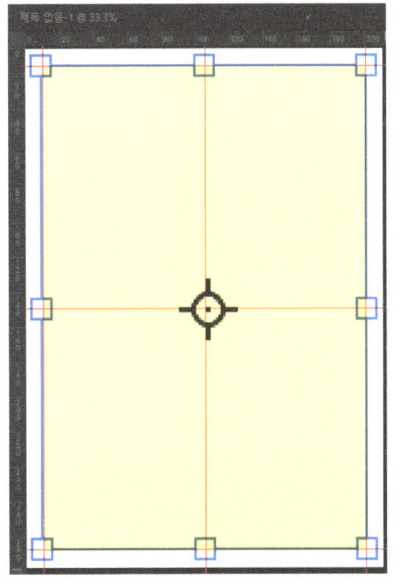

가이드 선을 생성 하기 위해서는 배경레이어의 자 물쇠를 클릭하여 자물쇠를 없애줌

눈금자의 현재 단위는 mm입니다. 단위의 수정은 눈금자(단위) 위에 마우스를 위치 시키고 우측버튼을 클릭 하면 새로운 단위를 지정 할 수 있습니다.

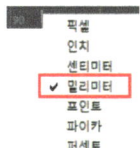

03.

배경이미지를 만들어 보겠습니다. 배경레이를 선택합니다. 전경 색 색상 피커를 선택 후 색상 값
452a1f 을 입력합니다. 배경레이어에 선택된 색상을 채웁니다(Alt + Delete).

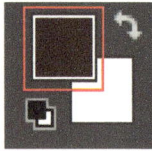

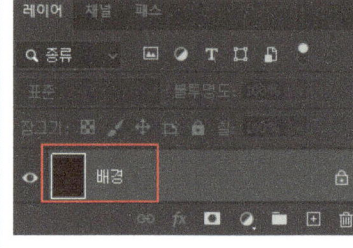

04.

배경레이어를 복제(Ctrl + J)합니다. 레이어 명을 하일라이트로 변경해 줍니다. 전경 색 색상 피커를 선택 후 색상 값 # fdd49c 를 입력합니다. 배경레이어에 선택된 색상을 채웁니다(Alt + Delete).

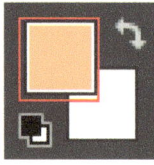
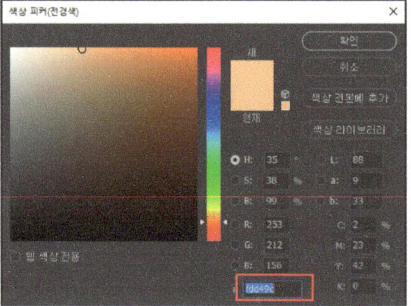
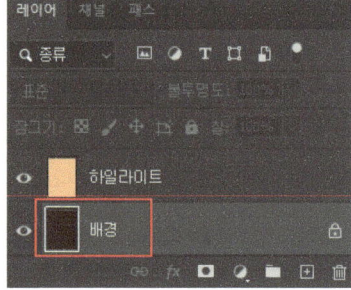

05.

하일라이트 레이어 선택한 후 레이어패널 아래 레이어 마스크 아이콘 을 Alt 키를 누른채 클릭을 합니다(레이어 마스크가 검정색으로 채워지며 하일라이트 레이어 이미지가 가려짐).

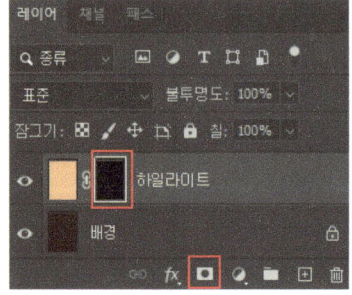

대지 화면에는 하일라이트 색상이 안보임

06.

하일라이트 색상을 나타내기 위해 하일라이트 레이어의 마스킹 레이어를 선택합니다. 하일라이트 색상을 표현하기전 브러시 세팅을 해야합니다. 브러시 옵션 대화상자에서 마스킹 작업에 적합한 브러시로 세팅을 해줍니다. 브러시툴 을 선택 후 마우스 우측버튼 클릭, 브러시 크기(800 ~ 900 픽셀 정도)설정, 경도 값(브러시 가장 자리의 흐림의 정도)은 0% 값을 설정 합니다. 브러시 모양은 정원 모양으로 설정합니다. 상단 브러시 옵션에서 브러시의 불투명도는 20 ~30% 사이의 값으로 설정 해줍니다.

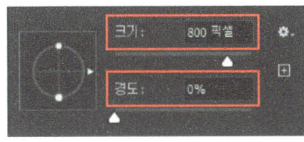 

브러시 옵션 불투명도 20%

하일라이트레이어의 마스킹 레이어를 선택 후 전경색은 흰색(레이어 이미지 나타남)을 선택합니다. 그리고 아래 이미지 처럼 천천히 그림자를 조금씩(20%) 나타나도록 클릭을 반복 합니다.

 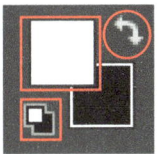 

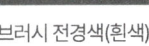
브러시 전경색(흰색)

마스킹 작업시 전경색 흰색(이미지 보임), 검정색(이미지 가려짐)의 경우 전경색과 배경색의 위치를 바꾸고 싶을때에는 단축키(X)를 누르면 위치가 변경됩니다. 예를 들어 흰색으로 이미지를 조금씩 나타내다가 너무 진하게 표현 되었을 경우에는 전경색을 검정으로 위치를 바꿔서 클릭을 하면 진하게 표현된 이미지를 조금씩(불투명도 설정 값 10 ~ 20%) 지워 줄 수 있습니다.

07.

배경레이어를 선택한 후 Shift 키를 누른 상태에서 하일라이트 레이를 선택하면 두 레이어가 모두 선택됩니다. 선택된 두 레이어를 레이어패널 하단에 있는 새 레이어 아이콘 위로 드래그 하면 레이어가 복제 됩니다. 각 각 두개의 레이어를 하나의 레이어로 가 각 병합(Ctrl + E)하여 줍니다. 레이어 명을 배경 1, 배경 2 로 변경해 줍니다.

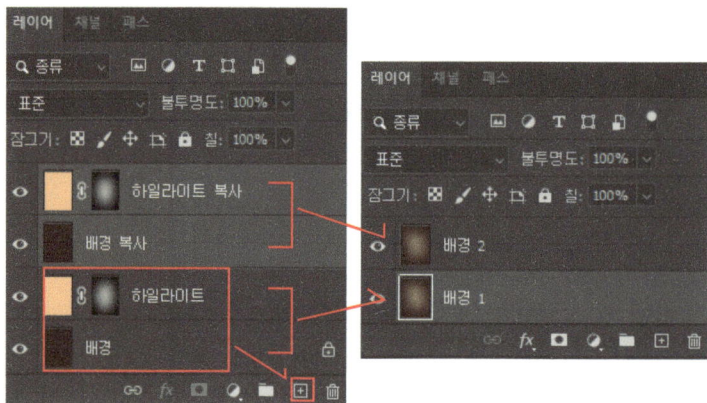

08.

배경 2 레이어를 선택 후 자유변형(Ctrl + t)을 실행합니다. 상단 바운딩 박스를 아래로 드래그 하여 아래 이미지처럼 변형 한 후 적용(Ctrl + Enter)시킵니다.

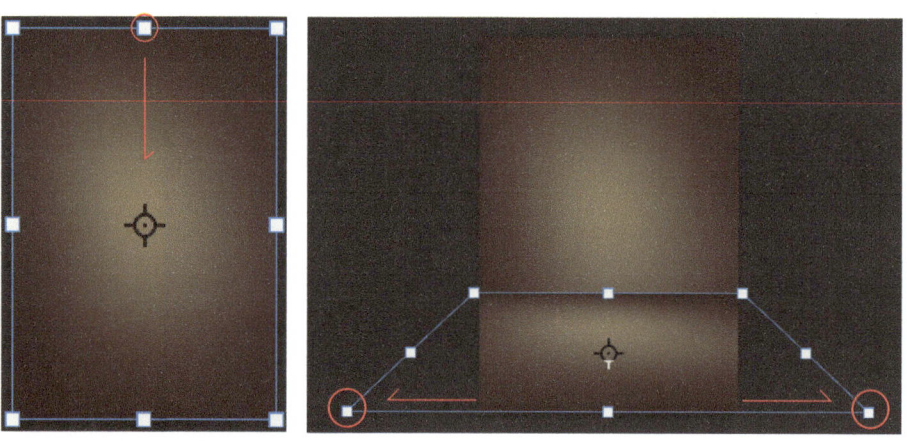

Ctrl + Art + Shift + 마우스 드래그

p.115 바운딩 박스
에 대한 설명을 참조
하시기 바랍니다.

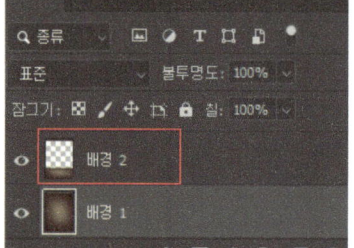

09.

배경 2 레이어를 선택 후 상단 메뉴바에서 효과 / 흐림효과 / 상자 흐림 효과를 실행합니다. 상자 흐림 효과 반경 값을 40으로 설정한 후 확인 버튼을 누릅니다.

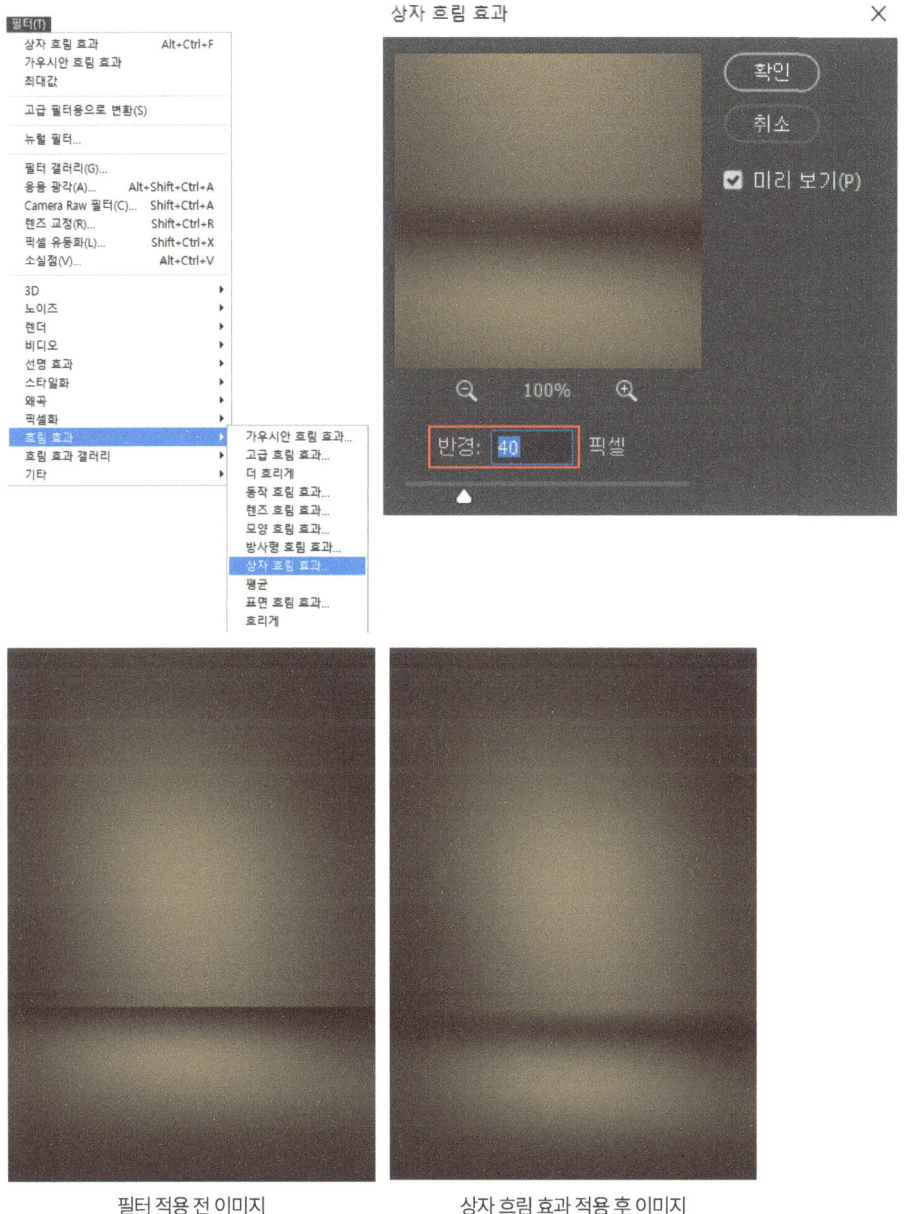

필터 적용 전 이미지   상자 흐림 효과 적용 후 이미지

10.

예제 소스 파일(① 양초이미지.jpg)을 엽니다. 빠른마스크 모드를 활용하여 양초 누끼작업(이미지 추출)을 해보겠습니다. 양초의 경우 펜툴보다 브러시(빠른마스크 모드)로 누끼작업을 진행하면 더욱 디테일하게 이미지를 선택할 수 있습니다. 먼저 브러시 세팅을 해줍니다. 브러시 툴 을 선택한 후 마우스 우측 버튼을 클릭하여, 브러시 크기(40 ~ 50픽셀), 경도 값(브러시 가장자리 흐림의 정도)은 68 ~ 72% 사이 값을 설정합니다.

브러시 옵션 불투명도 100% 설정

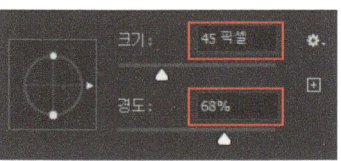

이번에는 빠른마스크 모드를 설정 해보겠습니다. 툴박스의 빠른마스크 모드 아이콘 을 더블 클릭하면 빠른마스크(빠른 마스크) 모드 옵션창이 열립니다. 색상 표시 내용을 선택 영역으로 체크, 불투명도 50%(50%를 설정해야 브러시 작업시 이미지가 보임), 색상은 작업자가 원하는 컬러로 바꿔도 무방합니다.

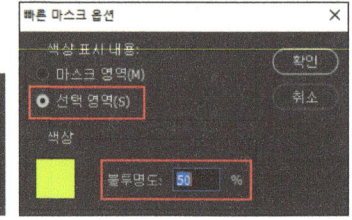

양초 이미지 파일을 엽니다. 빠른마스크 모드 아이콘 을 클릭합니다. 그러면 배경 레이어가 빠른마스크 색상으로 바뀝니다. 브러시 툴 을 선택 후 전경색을 검정색으로 선택합니다. 이미지의 양초와 접시 부분을 브러시로 색칠하여 노란색으로 채워줍니다. 만약 잘못 칠하거나 수정 할 부분이 생기면 전경색을 하얀색으로 선택하고 색칠을 하면 노란색이 지워집니다.

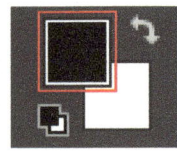
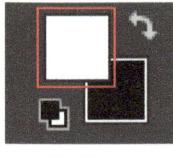

전경색(검정)
빨간색 채워짐

전경색(흰색)
빨간색 지워짐

11.

① 이미지 처럼 전경색 검은색으로 선택 후 양초이미지에 노란색(빠른 마스크모드)을 채워줍니다. 그 다음 빠른마스크 모드 아이콘 을 클릭하면 아래 ②이미지처럼 노란색 부분이 선택영역으로 바뀝니다. 마지막으로 ③ 이미지와 같이 배경레이어를 선택된 상태에서 선택영역 복제(Ctrl + J)를 한 후 레이어 명을 양초누끼로 변경하여 줍니다.

12.

양초누끼레이어를 선택한 후 전체선택(Ctrl + A)을 한 후 레이어 복사(Ctrl +C)후 새문서 배경 2레이어 위에 붙여넣기(Ctrl +V)를 하여줍니다. 복제된 레이어 이름을 양초누끼로 변경하여줍니다.

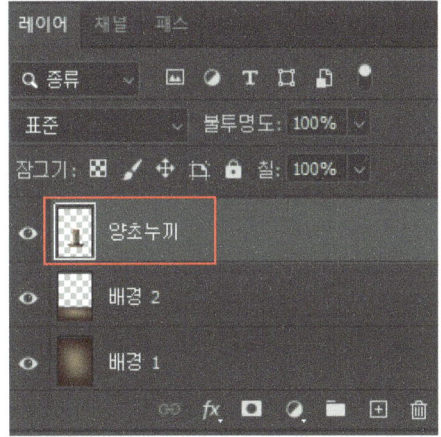 

13.

이제는 양초이미지의 그림자를 만들어 보겠습니다. 쉐도우 그림자 표현하기전 브러시 세팅을 해야합니다. 브러시 옵션 대화상자에서 마스킹작업에 적합한 브러시로 세팅을 해줍니다. 브러시 툴 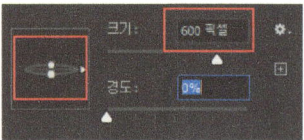 선택 후 마우스 우측버튼 클릭, 브러시 크기(600 ~ 800 픽셀 정도)설정, 경도 값(브러시 가장자리의 흐림의 정도)은 0% 값을 설정 합니다. 브러시 모양은 정원이 아닌 납작한 모양(원형율 15 ~ 20%)으로 설정합니다.

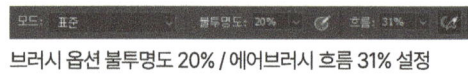
브러시 옵션 불투명도 20% / 에어브러시 흐름 31% 설정

블러쉬 크기 단축키는 키보드 [,] 입니다.
[(-) ,] (+)

그림자 표현의 경우 에어브러시 기능은 매우 유용합니다. 일반누끼의 경우에는 일반 브러시를 사용하고 그림자의 표현 경우 에어브러시(Alt + Shift + P)는 일반 브러시와 달리 중첩적으로 효과가 적용되므로 강약 조절이 어려울 수 있는데, 이런 경우에는 흐름을 20 ~ 30% 정도 수치를 낮게 설정하는 것이 좋습니다. 브러시 세팅이 완료되면 배경2 레이어를 선택 후 레이어패널 하단에 새로운 레이어를 생성한 후 레이어 이름을 그림자로 변경하여 줍니다.

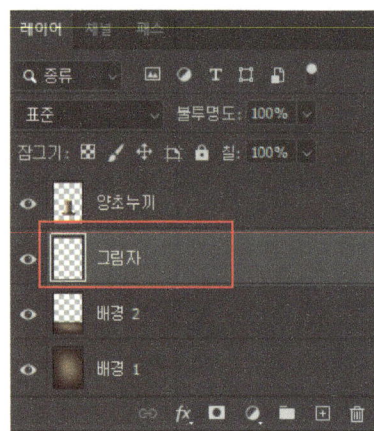

14.

그림자 레이어를 선택합니다. 그리고 전경색을 검정색으로 설정한 후 양초접시 하단부분에 그림자를 톡 톡 천천히 클릭을 여러번 하여 완성하여 줍니다. 그림자 완성 후 크기나 폭은 자유변형(Ctrl + T)으로 수정이 가능합니다. 아래 그림과 같이 그림자를 완성해줍니다.

15.

마지막으로 연기 이미지를 합성 해보겠습니다. 예제 소스 파일(②연기이미지.jpg)을 엽니다. 전체선택(Ctrl + A)을 한 후 레이어 복사(Ctrl + C)를 합니다. 복사를 한 후 선택을 해제(Ctrl + D)해 줍니다. 레이어패널 하단에 위치한 레이어 마스크(흰색) 아이콘 을 클릭하여 생성한 후 레이어 마스크에 복사한 연기이미지를 붙여 넣어줍니다.

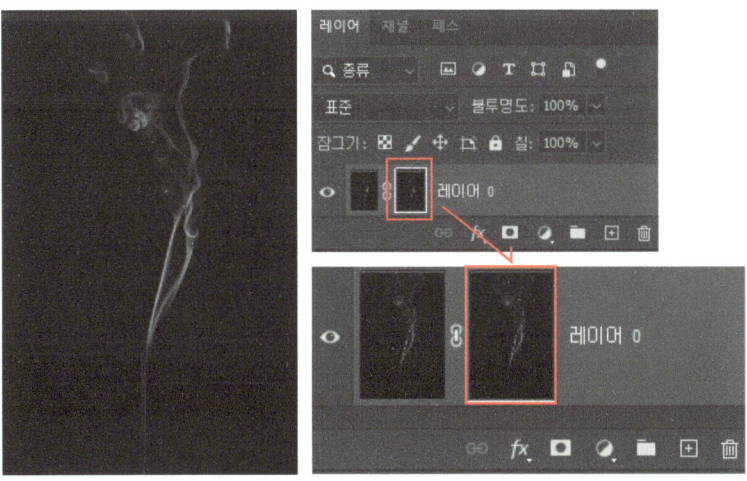

16.

레이어 0(연기이미지)을 선택된 상태에서 레이어 하단 패널 조정아이콘 ⬤ 을 클릭하여 단색을 클릭하여 색상피커창에서 색상 값 # f80000 입력하여 빨간색을 채워줍니다. 색상을 채운 단색 레이어를 레이어 0(연기이미지) 레이어 아래로 이동하여 줍니다.

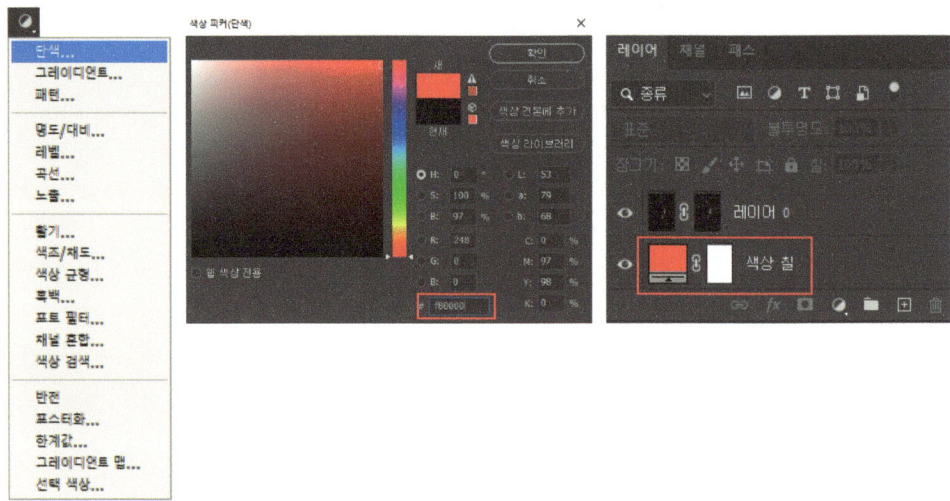

단색 레이어를 만들어 준 이유는 연기의 색상을 보기위함입니다. 레이어 0(연기이미지)을 선택합니다. 전경색을 흰색으로 선택 후 투명한 부분을 제외하고 연기 부분만 흰색(Art + Shift + Delete)으로 채워 줍니다. 결과는 더욱 흰색이 선명해 집니다.

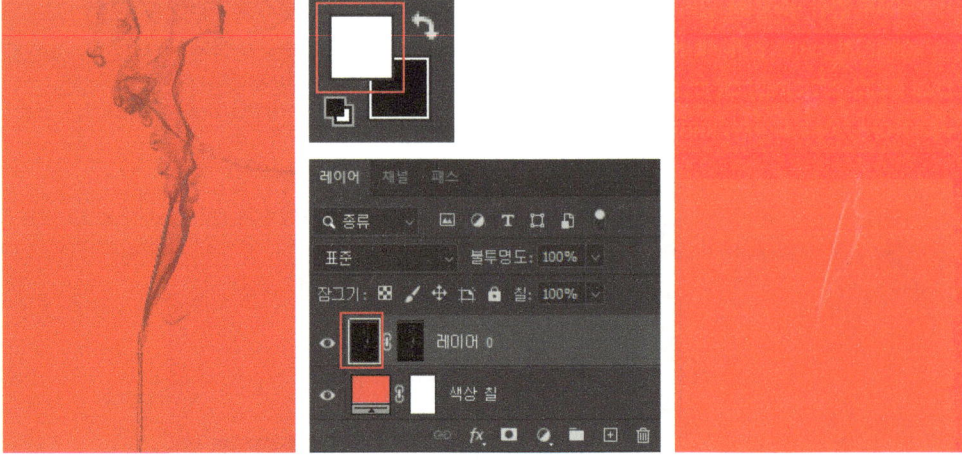

흰색 채우기 전   흰색 채우기 후

17.

마지막으로 연기이미지를 더욱 선명하게 추출하기 위해 Alt키를 누른채 레이어 0(연기이미지)의 레이어 마스크를 클릭하면 레이어마스크 화면이 보입니다. 화면을 보면 연기를 제외한 배경색이 100% 검정색이 아니기 때문에 검정색으로 만들어 줍니다. Ctrl + M(곡선)을 실행하여 곡선 옵션창에서 검정색 스포이드를 클릭 후 배경의 검정색을 클릭합니다. 결과는 배경색이 더욱 검정색으로 가까워 졌습니다. 다시 Alt키를 누른채 레이어 0(연기이미지)의 레이어 마스크를 클릭하면 일반모드로 되돌아 옵니다.

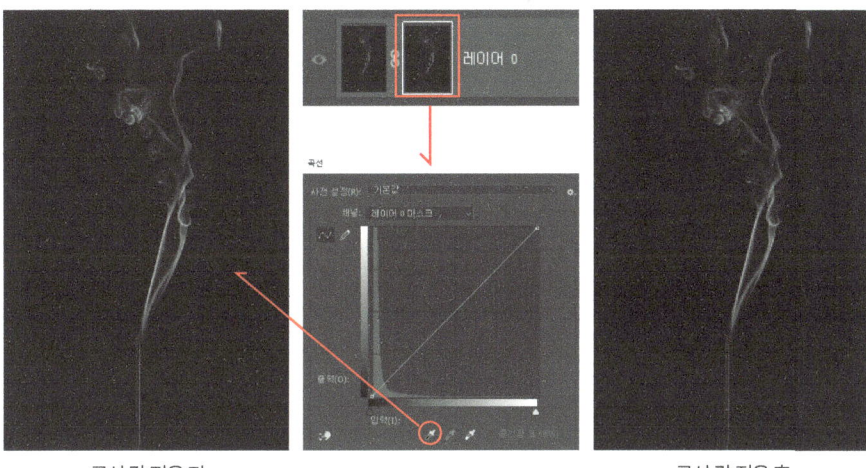

곡선 값 적용 전   곡선 값 적용 후

18.

레이어 0(연기이미지)마스크레이어를 클릭하여 레이어패널 하단 휴지통 아이콘 으로 드래그하면 대화상자에서 마스크 적용을 클릭하면 마스크가 적용된 레이어로 변경됩니다.

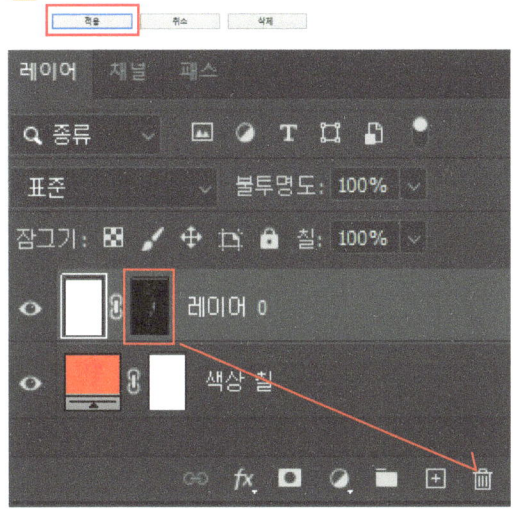

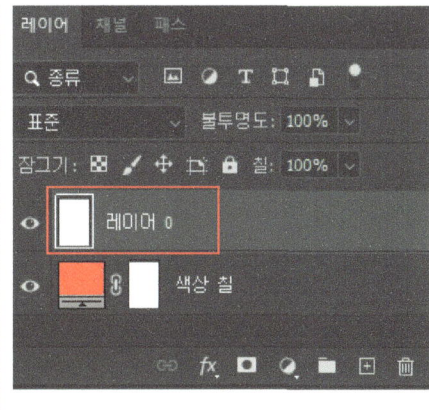

19.

레이어 0(연기이미지)레이어를 선택합니다. 전체선택(Ctrl + A)을 한 후 레이어 복사(Ctrl + C)를 합니다. 복사를 한 후 새문서 양초 누끼 레이어 위로 붙여넣기(Ctrl + V)를 해줍니다. 레이어 명을 연기로 변경하여 줍니다. 연기 레이어를 한번더 복사(Ctrl + J)한 후 하나의 연기레이어로 병합(Ctrl + E)하여 줍니다. 연기가 더욱 선명하게 변경되었습니다. 마지막으로 연기이미지를 제외한(아래 이미지의 원형 부분) 불필요한 이미지를 브러시 툴을 이용하여 레이어 마스킹으로 지워줍니다.

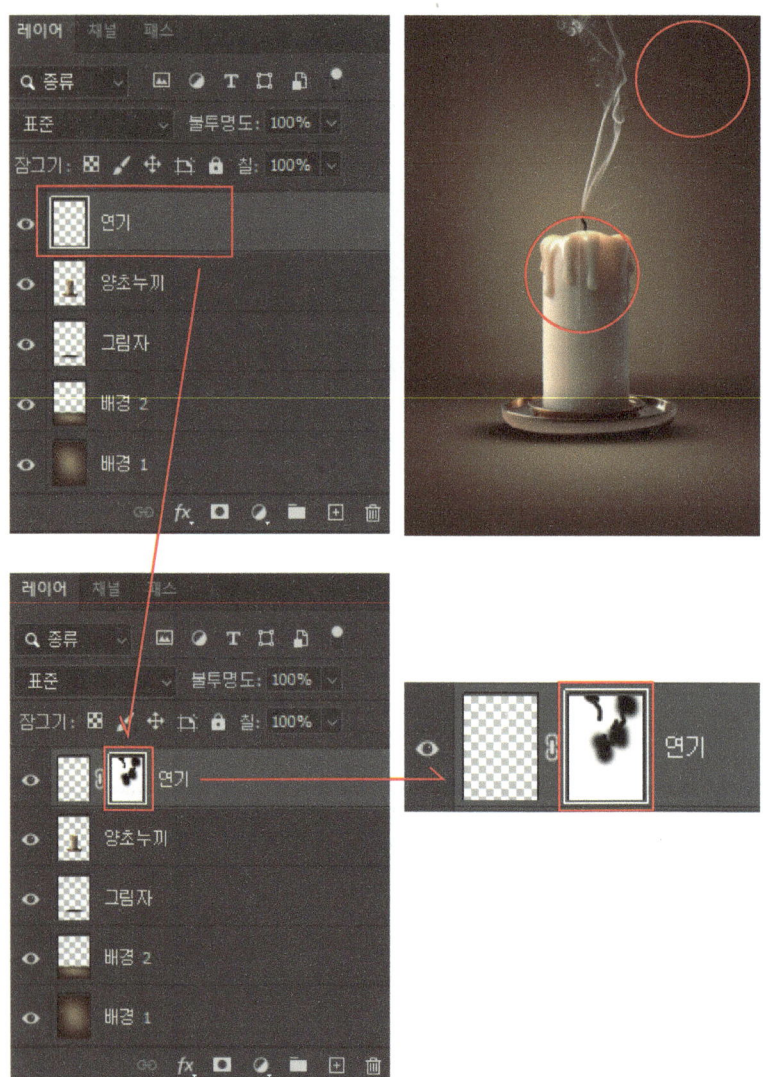

20.
최종 완성된 이미지 입니다.

포토샵 단축키

❖ 파일 작업

Ctrl + N	문서 새로만들기
Ctrl + O	문서 열기
Ctrl + Alt + O	브릿지로 문서 열기
Ctrl + S	문서 저장
Ctrl + Alt + S	문서 다른이름으로 저장
Ctrl + Alt + Shift + S	웹용 이미지로 저장
Ctrl + Alt + W	문서 모두 닫기
Ctrl + P	문서 출력
Ctrl + Alt + Shift + P	문서 한부만 출력

❖ 편집 작업

Ctrl + Z	명령 취소
Ctrl + Alt + Z	명령 취소(반복) 적용
Ctrl + Shift + Z	명령 취소(반복) 번복
Ctrl + Shift + F	적용된 필터 효과의 강약조절
Ctrl + X	오려내기
Ctrl + C	복사하기
Ctrl + Shift + C	화면에 보이는데로 복사하기
Ctrl + V	붙이기
Ctrl + Shift + V	제자리에 붙여넣기
Ctrl + Alt + Shift + V	(선택이 있을때)안쪽에 붙여넣기
Back Space	지우기
Shift + Delete	색상 채우기
Alt + Delete	전경색 채우기
Ctrl + Delete	배경색 채우기
Alt + Shift + Delete	투명도 유지 전경색 채우기
Ctrl + Shift + Delete	투명도 유지 배경색 채우기

❖ 변형 작업

Ctrl + T	자유 변형 작업
Ctrl + Shift + T	변형 반복 작업
Ctrl + Alt + T	변형 작업 후 복제(이동 후 효과 나타남)
Ctrl + Alt + Shift + T	변형 작업 후 복제(이동 후 효과 나타남)
Ctrl + Alt + Shift + C	형상 인식 크기 조정

	❖ 환경 설정
Ctrl + K	환경 설정
Ctrl + Shift + Z	색상 설정
Ctrl + Shift + F	키보드 단축키 설정
Ctrl + X	메뉴 단축키 설정

	❖ 이미지 조정 작업
Ctrl + L	레벨
Ctrl + Alt + L	레벨 최근 사용값 적용
Ctrl + Shift + L	자동 레벨
Ctrl + Alt + Shift + L	자동 콘트라스트
Ctrl + Shift + B	자동 색상 조절
Ctrl + M	곡선
Ctrl + Alt + M	곡선 최근 사용값 적용
Ctrl + B	색상 균형
Ctrl + Alt + B	색상 균형 최근 사용값 적용
Ctrl + Alt + Shift + B	흑백
Ctrl + U	색조 / 채도
Ctrl + Alt + U	색조 / 채도 사용값 적용
Ctrl + Shift + U	채도 제거(흑백 변환)
Ctrl + I	이미지 반전
Ctrl + Alt + I	이미지 크기 조정
Ctrl + Alt + C	대지 크기 조정

	❖ 선택 작업 (선택 메뉴)
Ctrl + A	전체 선택
Ctrl + D	선택 해제
Ctrl + Shift + D	재 선택
Ctrl + Shift + I	선택 반전
Ctrl + Alt + R	선택 경계 다듬기
Ctrl + Alt + 2	RGB(컴퍼지트)채널 선택 - RGB 기준
Ctrl + Alt + 3	Red 채널 선택
Ctrl + Alt + 4	Green 채널 선택
Ctrl + Alt + 5	Blue 채널 선택

❖ 선택 작업 (선택 툴)

Shift + 드래그	선택영역 있는 상태에서 추가 선택하기
Alt + 드래그	선택영역 있는 상태에서 부분 제외하기
Alt + Shift + 드래그	선택영역 있는 상태에서 교차부분만 선택하기
Ctrl + 드래그	선택영역 있는 상태에서 오려서 이동하기
Ctrl + Alt + 드래그	선택영역 있는 상태에서 복사하여 이동하기

❖ 레이어 작업

Ctrl + Shift + N	레이어 생성(대화상자 있음)
Ctrl + Alt + Shift + N	레이어 생성(대화상자 없음)
Ctrl + J	레이어 또는 선택영역 새레이어 복제
Ctrl + Shift + J	레이어 복제(선택영역 자른 후 새레이어복제)
Ctrl + Alt + G	클리핑 마스크 생성
Ctrl + G	레이어 그룹 짓기
Ctrl + Shift + G	레이어 그룹 풀기
Ctrl + Shift +]	레이어 이동(맨 위로)
Ctrl +]	레이어 이동(위로)
Ctrl + [	레이어 이동(아래로)
Ctrl + Shift + [	레이어 이동(맨 아래로)
Ctrl + E	레이어 결합(아래 레이어와)
Ctrl + Shift + E	레이어 결합(보이는 레이어만)
Ctrl + Alt + Shift + E	레이어 결합 후 새레이어로 생성(보이는레이어만)
Ctrl + Alt + A	전체레이어 선택
Alt + Shift +]	레이어 추가 선택(위쪽 레이어)
Alt + Shift + [	레이어 추가 선택(아래쪽 레이어)
Alt + Shift + .	레이어 추가 선택(맨 위 레이어까지)
Alt + Shift + ,	레이어 추가 선택(맨 아래 레이어까지)
Alt + 눈아이콘 클릭	클릭한 레이어만 보기 / 원상태로 보기
Ctrl + 레이어 썸네일 클릭	선택한 레이어 선택영역으로 바꾸기

❖ 필터 작업

Ctrl + F	최근 사용 필터 적용하기
Ctrl + Alt + F	최근 사용 필터 대화상자 열기
Ctrl + Shift + R	렌즈 교정
Ctrl + Shift + X	픽셀유동화
Ctrl + Shift + A	카메라 Raw필터
Ctrl + Alt + V	소실점

❖ 화면조작 작업

Ctrl + Y	CMYK 색상 보기
Ctrl + +	이미지 배율 확대
Ctrl + -	이미지 배율 축소
Ctrl + 0(숫자)	화면 크기에 맞게 보기
Ctrl + Alt + 0(숫자)	실제 픽셀 크기로 보기
F	스크린 모드 바꿔보기
Ctrl + H	엑스트라들 가리기 / 보기
Ctrl + Shift + H	선택된 패스 가리기 / 보기
Ctrl + '	그리드 가리기 / 보기
Ctrl + ;	안내선 가리기 / 보기
Ctrl + R	눈금자 가리기 / 보기
Ctrl + Shift + ;	스냅 설정 / 해제
Ctrl + Alt + ;	안내선 잠그기
Ctrl + Teb	열려있는 다음 문서 보기
Ctrl + Shift + Teb	열려있는 이전 문서 보기

❖ 레이어 작업

방향키	선택영역 이동하기
Shift + 방향키	선택영역 이동하기(10픽셀 단위)
Ctrl + 방향키	선택영역 오려서 이동하기(1픽셀 단위)
Ctrl + Shift + 방향키	선택영역 오려서 이동하기(10픽셀 단위)
Ctrl + Alt + 방향키	선택영역 복사하여 이동하기(1픽셀 단위)
Ctrl + Alt + Shift + 방향키	선택영역 복사하여 이동하기(10픽셀 단위)

❖ 페인팅 작업

Shift + 드래그	브러시 툴 상태에서 수직 수평 방향으로 그리기
]	그리기 툴 상태에서 브러시 크기 확대
[	그리기 툴 상태에서 브러시 크기 축소
Shift +]	그리기 툴 상태에서 브러시 경도 값 증가
Shift + [	그리기 툴 상태에서 브러시 경도 값 감소
Alt + Shift + P	그리기 툴 상태에서 에어 브러시
Alt + 오른쪽 마우스 클릭	그리기 툴 상태에서 브러시 크기 / 경도 값 지정
Shift + 오른쪽 마우스 클릭	그리기 툴 상태에서 브러시 블렌딩 모드 지정
Ctrl + 오른쪽 마우스 클릭	대부분의 툴에서 특정 레이어 선택
Alt + Shift + D	스펀지 툴 상태에서 채도 감소
Alt + Shift + S	스펀지 툴 상태에서 채도 증가
Alt + Shift + S	닷지 / 번 툴 상태에서 어두운톤 영역
Alt + Shift + M	닷지 / 번 툴 상태에서 중간톤 영역
Alt + Shift + H	닷지 / 번 툴 상태에서 밝은톤 영역

❖ 조합키

Teb	툴 패널, 패널 모두 가리기
Shift + Teb	툴 패널만 보기 / 가리기
Caps Look	커서의 상태를 삽자모양으로 바꾸기
Ctrl	다른 툴 사용도중 임시로 이동 툴 사용하기
Space Bar	다른 툴 사용도중 임시로 핸드 툴 사용하기
Ctrl + Space Bar	다른 툴 사용도중 임시로 확대 툴 사용하기(+)
Alt + Space Bar	다른 툴 사용도중 임시로 확대 툴 사용하기(-)
Ctrl + 레이어 썸네일 클릭	레이어의 픽셀영역을 선택영역으로 바꾸기
Alt + 도구박스 툴 클릭	툴 패널에서 숨어 있는 툴로 바꾸기
Alt + 스포이드 툴로 클릭	색상 추출해 배경색 만들기
Shift + 드래그	일부 툴에서 비례 유지하며 그리기
Alt + Shift + 드래그	일부 툴에서 비례 유지하며 중심을 기준으로 그리기
Alt + 드래그	일부 툴에서 중심을 기준으로 그리기
Shift + 드래그	선택영역 있는 상태에서 추가 선택하기
Alt + 드래그	선택영역 있는 상태에서 부분 제외하기
Alt + Shift + 드래그	선택영역 있는 상태에서 교차부분만 선택하기
Ctrl + 드래그	선택영역 있는 상태에서 오려서 이동하기
Alt + Ctrl + 드래그	선택영역 있는 상태에서 복사하면서 이동하기
모서리에 있는 핸들을 Ctrl을 누른채로 드래그	자유변형 명령을 실행한 상태에서 곧바로 형태 왜곡시키기

❖ 문서 편집 작업

Ctrl + Shift + L	왼쪽 정렬
Ctrl + Shift + C	중앙 정렬
Ctrl + Shift + R	오른쪽 정렬
Ctrl + Shift + B	글자 모양 볼드체로
Ctrl + Shift + I	글자 모양 이탤릭체로
Ctrl + Shift + K	글자 모양 모두 대문자로
Ctrl + Shift + H	글자 모양 작은 대문자로
Ctrl + Shift + U	글자 모양 밑줄체로
Ctrl + Shift + Y	기본 글자 모양 적용
Ctrl + Shift + X	가로 비율 100%
Ctrl + Alt + Shift + X	세로 비율 100%
Ctrl + Alt + Shift + A	자동 행간으로
Ctrl + Shift + Q	자간 값을 0으로
Ctrl + Shift + >	글자크기 한단계 확대
Ctrl + Shift + <	글자크기 한단계 축소
Alt + →	자간 한 단계 넓힘
Alt + ←	자간 한 단계 줄힘
Alt + ↓	행간 한 단계 넓힘
Alt + ↑	행간 한 단계 줄힘
Alt + Shift + ↓	베이스라인 한단계 낮추기
Alt + Shift + ↑	베이스라인 한단계 높이기

❖ 기타

Shift + + 또는 -	블렌딩 모드간 전환
아라비아 숫자	레이어 선택후 숫자 입력(불투명도 조절)
아라비아 숫자	브러시툴 선택 후 숫자입력(브러시 불투명도 조절)

이미지파일의 다양한 포맷

이미지 파일 중 우리가 제일 많이 접하는 파일 확장자는 JPG, PDF 파일 등입니다. 특히 JPG 파일 포맷의 경우에는 파일 압축률이 매우 높아 대중적으로 널리 사용되어 지고 있습니다. 이미지 파일 포맷의 경우에는 이외에도 다양한 형식의 파일이 있지만, 그래픽 디자인 작업에서 제일 사용이 많이 되어지고 있는 파일들을 소개하겠습니다.

PSD 파일

그래픽 프로그램인 포토샵 전용 파일 포맷입니다. 포토샵의 레이어, 채널, 패스 등을 모두 저장할 수 있으며, 파일 용량이 큽니다. 디자인 수정작업을 위해서는 반드시 PSD 포맷으로 저장해야 합니다. 다른 프로그램과 호환되지 않습니다.

JPG 파일

이미지의 손상을 최소화시켜 압축할 수 있는 포맷입니다. 높은 압축률과 작은 파일 용량, 정교한 색상 표현으로 그래픽 파일 포맷 중에 가장 널리 사용됩니다. 압축을 많이 할수록 이미지가 변형되며, 웹에서 많이 사용되는 포맷입니다.

PNG 파일

인터넷 환경에서 사용하는 GIF와 JPEG의 장점을 합친 것으로 8비트 컬러를 24비트 컬러처럼 저장할 수 있습니다. 24비트의 이미지를 처리하면서 원본 이미 지에 전혀 손상을 주지 않는 압축이 가능합니다. 웹에서 사용하기 위한 포맷으로색상 정보와 알파 채널을 보존하고 투명한 이미지를 저장할 수 있으나 압축률은 JPG에 비해 떨어집니다.

PDF 파일

아크로벳의 파일 포맷으로 서체, 프린팅 기술을 지원하기 위해 국제 표준 페이지 기술 언어인 포스트스크립트를 기반으로 개발한 소용량의 전자 문서 파일 형식입니다. 어떤 시스템 환경에서도 호환되고, 디지털 출판에 적합합니다.

AI 파일

그래픽 프로그램인 일러스트레이터 벡터 이미지 소프트웨어의 기본 파일 포맷으로 프로그램의 버전 간에 호환이 되지 않을 수 있으므로 저장할 때 유의해야 합니다.

EPS 파일

인쇄할 때 사용하는 파일 포맷으로 고해상도의 그래픽 이미지를 표현합니다. CMYK 모드를 지원하여 완벽한 4도 분판 출력이 가능하며, 벡터와 비트맵 방식 모두 사용할 수 있고, 다양한 이미지를 읽을 수 있습니다.

GIF 파일

배경이 투명한 이미지와 애니메이션 파일 제작이 가능하여 웹상에서 가장 많이 사용하는 포맷입니다. 기본적으로 256 이하의 컬러를 사용하여 파일 크기를 최소화할 수 있으며, 압축률이 높아 웹 이미지 제작에 적합합니다. 표현할 수 있는 색상이 작지만 그만큼 작은 공간을 차지하며 움직이는 이미지를 만들때 많이 사용됩니다.

TIFF 파일

고해상도 출력, 이미지 스캐닝 및 전송을 위해 사용하는 포맷으로 PC와 매킨토시에서 공통으로 사용할 수 있습니다. 호환성이 좋고, 무손실 압축 방식을 지원하여 파일 용량을 최대한 줄여 줍니다.

PICT 파일

매킨토시용 표준 그래픽 파일 포맷으로 32비트 색상을 처리할 수 있습니다. 비트 맵과 벡터 이미지를 동시에 저장할 수 있으며, RGB 컬러와 알파 채널, JPEG 압축을 지원합니다.

BMP 파일

1,670만 컬러(24비트)까지 표현할 수 있는 윈도우 시스템의 기본 그래픽 파일 포맷으로 윈도우에서 호환성이 좋으나, 용량이 다른 포맷들에 비해 크다는 단점이 있습니다.